U0515746

浑源永安寺文物

保护与研究

下 册

壁画源流与水陆图像

陈 捷 张 昕 著

文物出版社

目　录

彩色图版目录

壁画源流与空间布局

一 浑源永安寺现存壁画概述

（一）永安寺的历史沿革

永安寺坐北朝南，位于浑源县鼓楼北巷。前辈学人宿白先生在《浑源古建筑调查简报》（以下简称《简报》）中，已经对其历史沿革进行过详细梳理[1]。寺院始建于金，毁于火焚后，在金元之交重建。总体看来，永安寺的修造可以分为元、明、清三个主要阶段。在此期间，无论是外请名僧的活动，抑或同中央政府的关联，均显著提高了寺院的知名度和影响力。

1. 蒙古汗国至元代

（1）创建阶段

永安寺早期的创修跨越金元两代，主要由地方望族邀名僧主导，其中高氏祖孙三代的贡献尤为突出。州人高定及其子高仲栋在蒙古汗国时期，邀请高僧归云禅师远赴浑源，担任永安寺第一代住持。高定乃声名显赫的地方官员，明景泰《寰宇通志》记有："高定，浑源州人……仕元为云中招讨使、都元帅、永安军节度使。"[2]永安寺现存元至元三十一年（1294）《大永安禅寺铭》称高氏父子为"高君永安居士、其子仲栋乐善居士"，表明二人均笃信佛教，这也为永安寺的复兴奠定了基础。

归云（或取归者云集之意）讳志宣，北京潭柘寺归云禅师塔[3]铭文对其生平进行了详细的描述。塔铭有其师容庵老人"得临济之正派"一说，指明归云属"临济正宗"法脉。此宗在元初因海云印简备受诸君主推崇而颇为得势。至大二年（1309）赵孟頫奉勅所撰《临济正宗之碑》述其传承如下："达摩六传而为能，能十传为临济……自能后禅分为五，唯师所传号为正宗。一传为兴化奖，再传为南院颙，三传为风穴沼，四传为首山念，又五传为五祖演。演传天目齐，齐传懒牛和，和传竹林宝，宝传竹林安，安传海西堂容庵，容庵传中和璋，璋传海云大宗师简公（海云印简）。"[4]

归云圆寂于蒙古定宗元年（1246），其舍利安于四寺，分别为山西浑源永安寺、北京西山潭柘寺、辽宁医巫闾山玉泉寺、河北赵县柏林寺，从侧面反映出其广泛的影响力。潭柘寺塔林现存归云禅师塔建于蒙古定宗二年（1247），为六角三层经幢式，由寂通居士陈时可（金翰林学士）撰文，潭柘寺住持法侄懒牧野人悟归（懒牧归）书丹；法侄海云印简等立石。塔林内与归云禅师塔关系密切的高僧灵塔另有两座，其一即为归云法侄海云宗师塔。此塔约建于蒙古国至元初，为六角七层密檐式，正

---

[1] 宿白. 浑源古建筑调查简报[G]//雁北文物勘查团报告. 北京：中央人民政府文化部文物局，1951：95–109.

[2] 〔明〕陈循，等. 寰宇通志[G]//郑振铎，辑. 玄览堂丛书续集：第16册. 台北：正中书局，1985：156.

[3] 即"浑源州永安禅寺第一代归云大禅师塔"，《全元文》、《琉璃厂杂记》均有录文.

[4] 〔元〕释念常，集. 佛祖历代通载[G]//大正新修大藏经刊行会，编. 大正新修大藏经：第49册. 东京：大藏出版株式会社，1988：727.

面书有"佛日圆明海云大宗师之灵塔"。其二为懒牧归弟子、竹林寺住持道慧之慧公禅师塔[1]。其塔建于元至元二十九年（1292），为八角三层经幢式，由道慧法侄、潭柘寺住持德顺禅师所立，铭文记有"后闻燕山潭柘懒牧归公法席之盛，挑囊奔扣"。

在归云的努力下，永安寺创建了佛殿、云堂等，并初具规模。元至元二十六年（1289），高氏一族复邀归云重孙、保德州西庵禅师住持寺院，西庵应与归云同宗。《大永安禅寺铭》记有，"寺门执事谋功德主□，直节高仲挥，□宣武将军高琰，闻保德州承天寺云溪嗣法西庵□公长老，归云重孙也，有德宗师。驰疏邀之，师诺然来居"。西庵禅师为寺院新建山门，并购置了大量经藏。

（2）发展阶段

至元代中期，曾任地方官的高定之孙高璞，在延祐二年（1315）捐资创建了庑殿顶、面阔五间的正殿传法正宗殿，并邀请名噪一时的溥光禅师题匾"传法正宗之殿"，落款"昭文馆大学士荣禄大夫掌诸路头陀教特赐圆通玄悟大师雪庵溥光书，传法住持嗣祖沙门月溪觉亮立"[2]。至此，高氏祖孙三代的兴建活动方告一段落。

溥光禅师俗姓李，为大同人士，不仅位高权重，更以书法闻名。清道光《大同县志》记有："李溥光，幼出家为僧，号雪庵和尚……工书，笔法遒劲，尤长于擘窠大字，一时宫殿匾额皆出其手。至元间奉诏蓄发，授昭文馆大学士。"[3]值得注意的是溥光头陀教宗师的身份。《析津志》对头陀教的记载为："始祖曰纸衣和尚，立教于金之天会……一十有一传而至溥光大禅师。师五岁出家，十九受大戒……至元辛巳（1281），赐大禅师之号，为头陀教宗师"[4]。头陀教之前身应为依附禅门的民间宗教糠禅，至元年间获官方认可，在溥光的推动下于元代中期以前盛极一时[5]。从《元史》"僧、道、伊噜勒昆、达实密、头陀、白云宗诸司"[6]的记载，甚至可以看出其与佛、道并列的地位。

宿白于1950年考察永安寺后，推测此寺当时可能为"头陀教派的寺院"[7]。在笔者看来，匾牌对"传法正宗""嗣祖沙门"的强调表明，殿名更可能出于对禅宗及临济正宗的标榜。首先，"传法正宗"同"永安寺"结合，很可能与北宋杭州灵隐寺明教大师契嵩居于永安兰若时，所著《传法正宗记》相关[8]。且如元虞集《断崖和尚塔铭》所述："传法正宗，临济最宏。"[9]其次，溥光作为书法大家，在各地寺院多有题字（附图1）。时任永安寺住持的月溪觉亮或与溥光交厚，但为此改宗的可能性较小。

[1] 即"大都竹林禅寺第二十三代慧公禅师塔"。

[2] 元皇庆元年（1312），溥光《四十二章经序》落款为"昭文馆大学士中奉大夫掌诸路头陀教特赐圆通玄悟大禅师头陀僧溥光奉敕撰"，见〔宋〕真宗赵恒，注. 注四十二章经//大正新修大藏经：第39册：516.

[3] 〔清〕黎中辅. 大同县志，卷17[M]. 1830（道光十年）.

[4] 〔元〕熊梦祥. 析津志辑佚[M]. 北京：北京古籍出版社，1983：74.

[5] 能仁，定明. 从糠禅到头陀教——金元糠禅头陀教史实新论[G]//怡学，主编. 元代北京佛教研究. 北京：金城出版社，2013：128–149.

[6] 〔明〕宋濂，等. 元史，卷24[G]//永瑢，纪昀，等. 景印文渊阁四库全书. 影印本. 台北：台湾商务印书馆，1986.

[7] 宿白. 我和中国佛教考古学[G]//张世林，编. 学林春秋：著名学者自序集. 北京：中华书局，1998：640–647.

[8] "传法正宗"之名在元代禅寺中亦较为常见，如北京兴禅寺蒙古"中统三年（1262）六月立传法正宗之殿，提举学校王万庆撰书题额"，见〔清〕于敏中，英廉，等，编. 钦定日下旧闻考，卷155//景印文渊阁四库全书. 另如金陵《龙翔集庆寺碑》记有，元天历三年（1330）此寺"居僧以致其道者曰禅宗海会之堂，居师以尊其道者曰传法正宗之堂"，见〔明〕葛寅亮. 金陵梵利志[G]//杜洁祥，主编. 中国佛寺史志汇刊：第1辑第4册. 台北：明文书局，1980：743–745.

[9] 〔元〕虞集. 道园学古录，卷49//景印文渊阁四库全书.

2．明代的重要发展

有明一代永安寺延续临济法脉的可能性较大。这一时期寺院最重要的事件莫过于明洪武年间僧会司[1]的设置。其后，则进一步提升为僧正司。在明代的四级僧官体系内，中央、府、州、县分置僧录司、僧纲司、僧正司、僧会司[2]。浑源州旧属大同府，永安寺由此作为州属僧众的管理机构，见证了晋北地区官式与风土营造体系的交互作用。

僧正司在永安寺的设置当与临济正宗的源流，以及寺院的声名密切相关。明初隶属礼部的正六品衙门、最高国家佛教管理机构僧录司设在南京天界寺内，而长期担任天界寺住持的季潭宗泐（1318–1391）即为临济宗名僧。宗泐曾备受明太祖器重。成祖时期的重要人物、临济宗道衍（姚广孝）就是通过宗泐的举荐，方得以结识燕王[3]。

因僧会司乃"洪武十五年（1382）置"[4]，故永安寺同期的扩建及洪武十六年（1383）的重修[5]均应与此有关。至明代后期，永安寺当已转为僧正司，寺院规模较大的修造活动已由高级地方官员主持。如嘉靖二十二年（1543），在卫所最高军事长官，指挥使郭江主持下，对传法正宗殿进行了重修[6]。此后，寺院各建筑亦间有修造。

3．清代康乾时期

清代永安寺的修建主要集中在康乾年间。顺治《浑源州志》记有"僧正司，原在永安寺，今移州治东圆觉寺"[7]，由此表明僧正司在顺治时期就已移至圆觉寺。即使如此，永安寺仍属官方认可的州城要寺，其修造活动亦由早期的僧人主导转为官员倡导，以三任浑源知州为代表。

首先是"康熙十二年"[8]至十八年（1673~1679）任职的宣成义。其人不仅撰写了《永安寺焚修碑》，而且作为"功德主"留名于传法正宗殿扇面墙背面。由此可见，康熙十五年（1676）传法正宗殿水陆画的绘制必然受到宣成义等地方官员的大力支持。其次是康熙四十七年（1708）任职的马象观，于任期伊始即"首倡兴修"[9]。最后是乾隆二十三年（1758）任职的桂敬顺，亦为乾隆《浑源州志》的编修人。桂敬顺在"寺久隳废"的状态下，于乾隆二十六年（1761）主持大修，并撰《重修永安寺碑记》《霜神祠记》两文，均收入《浑源州志》内（附图2、附图3）。《浑源州志·艺文》还收录了系列乾隆时期吟咏永安寺的诗文，如凌如崶《月夜永安寺门望恒山积雪》之"蟾光与雪色，并作一城寒"；朱大章《月夜永安寺门望恒山积雪分赋得逢字》之"巍峨古寺对恒宗，皓魄琼姿影万重"等。凡此种种，均呈现出永安寺同北岳恒山的关联，及其作为浑源重要标志性建筑的地位。

---

[1]　"明洪武间置僧会司，并报国寺入焉"，见〔清〕觉罗石麟．山西通志，卷169[M]．1734（雍正十二年）．

[2]　"洪武十五年改僧录司，正六品衙门……属礼部衙门……在外僧人，府属僧纲司，州属僧正司，县属僧会司"，见〔明〕徐溥，等．明会典，卷178//景印文渊阁四库全书．

[3]　何孝荣．元末明初名僧宗泐事迹考[J]．江西社会科学，2012（12）：99–105．

[4]　〔清〕张廷玉，等．明史，卷75//景印文渊阁四库全书．

[5]　"永安寺……国朝洪武十六年重修"，见〔明〕陈循，等．寰宇通志//玄览堂丛书续集：第16册：145．

[6]　传法正宗殿原置匾牌书有："旹大明嘉靖二十二年岁次癸卯五月吉旦，山西行都司大同后卫指挥使郭江重修"。

[7]　〔清〕张崇德．浑源州志，卷上[M]．1661（顺治十八年）．

[8]　〔清〕桂敬顺．浑源州志，卷5[M]．1763（乾隆二十八年）．

[9]　"戊子（1708）夏杪，余（马象观）奉命牧浑……首倡兴修"，见清康熙《重修永安寺碑记》，原藏永安寺。

图1-1　民国时期传法正宗殿壁画旧照（1南壁东梢间；2东壁）

图片来源：1傅晋生，摄. 浑源县永安寺画壁之一部[J]. 艺林月刊，1936（83）：2；2佚名. 永安寺传法正宗殿画壁[J]. 艺林月刊：游山专号，1937（9）：9.

　　清乾隆庚辰（1760），桂敬顺《重修永安寺碑记》明确指出永安寺"为州民歌祝祈禳之地……居然一州之钜观也"。至清代后期，光绪《浑源州续志》则称"永安为州城要寺，农民岁祈丰穰"[1]。事实上，"歌祝祈禳"同"岁祈丰穰"含义有别，后者主要强调了祭祀功能，如清高宗《祈谷坛礼成恭述》之"祭日逢金穰，祈年自古详"[2]。这样看来，永安寺在乾隆时期应为州城举办祈福仪式的重要场所。结合现存壁画分析，相关仪式很可能是水陆法会，具体地点则可能是作为正殿的传法正宗殿。清代后期永安寺的修造不甚频繁，传法正宗殿壁画自民国年间至今亦无显著变化（图1-1）。

（二）现存壁画与绘制年代

1. 永安寺现存壁画

　　永安寺各殿现有壁画均为清代遗存，可以根据所处位置分为3类（图1-2）。第1类绘于四壁主要看面，目前仅见于传法正宗殿，亦为永安寺壁画的代表（详见下文）。第2类绘于山面梁、柱分隔的三角形象眼和矩形山花，分布于天王殿、配殿、朵殿[3]山墙顶部，多由彩画工匠绘制。第3类绘于栱眼壁，同样仅见于传法正宗殿。此类壁画完成于清代，明清时期普遍绘制在栱垫板表面，属于彩画范畴。因之，本文将此类壁画归入彩画部分，以便与天王殿、朵殿栱垫板彩画进行类比。

　　永安寺现存象眼、山花纹饰整体属于黑、白双色表现的水墨画，个别薄施淡彩，为山西各地寺

---

[1]　〔清〕贺澍恩. 浑源州续志，卷8[M]. 1881（清光绪七年）.

[2]　蒋溥，等，编. 御制诗集：初集卷29//景印文渊阁四库全书.

[3]　西朵殿象眼被后加吊顶遮挡，其保存状况未详。

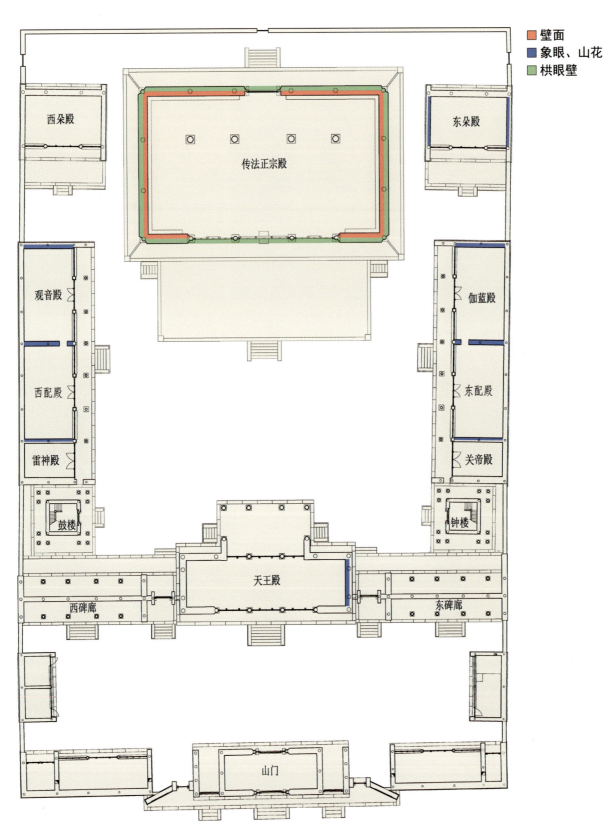

图1-2 永安寺现存壁画分布示意

底图来源：《永安寺保护修缮》工程勘测成果。

庙的通行做法。其边缘随形设置粗、细两道线条构成的"子母线"，亦为壁面边缘的常见处理。此类壁画多以上部一对（三架梁或单步梁上方）较高的象眼为重点，往往在山水画基础上添加系列三教人物，由此突出了含义的表达。在下部一对（五架梁或双步梁上方）较低的象眼及二者之间的窄长山花（部分山花略去不绘），则以更为简化的花木为典型。值得注意的是，此类山水、花木题材通常与佛教无关，且将士人追求的清雅高洁，以及民众偏爱的福禄寿喜融为一体，由此普遍适用于其他建筑类型。

永安寺象眼、山花三教人物中，佛教题材多取罗汉、声闻，东朵殿东壁上部象眼即为一例。道教题材以晋北地区流行的"四误"系列为典型，即张骞误入斗牛宫、刘晨阮肇误入天台山、苏东坡误入佛游寺、唐明皇误入月宫。在西配殿南北两山上部，两对象眼便构成了一组完整的四误图像。儒家题材以渔樵耕读系列为代表，在中轴线两侧对称布置的伽蓝殿和观音殿内，南北两山上部两对象眼各绘一组（图1-3）。然而二者相比，在图像组织和排列方式上均有显著差异，可能由两队画工分别完成。同时，部分壁画所绘渊明赏菊、太白醉酒等，则属晋北流行的八爱题材[1]。

永安寺象眼、山花的花木题材主要包括两种类型。第1类基于"四友"或"四君"[2]，偏重表现士人追求的坚毅、有节、孤傲、洒脱。第2类基于四时花卉，即春牡丹、夏莲花、秋菊、冬梅，着重表达民众喜好的富贵、多子、长寿、喜庆。两类纹饰的内在含义虽然大异其趣，其组合却较为灵活。在永安寺下部象眼和山花中，第1类苍松、修竹、寒梅、幽兰、霜菊或自成一体，或与第2类牡丹、清莲相

图1-3　永安寺伽蓝殿南壁上部象眼、山花壁画
（象眼绘渔樵耕读之耕读）
图片来源：北京工业大学郑丽夏拍摄。

---

[1]　八爱题材实则不止八种，常见者包括茂叔爱莲、渊明赏菊、和靖咏梅、子猷种竹、羲之饲鹅、玉川品茶、郕侯藏书、太白醉酒、东坡玩砚、元章题石、鲁公写经、怀素书蕉、云林洗桐、踏雪寻梅等。
[2]　"四友"见元吴镇《梅松兰竹四友图》。"四君"见明陈继儒"题梅竹兰菊四谱小引"（明黄凤池辑《唐解元仿古今画谱》）；另见清王概编《芥子园画传二集》之兰、竹、梅、菊四谱。

间布置。部分壁画即使仅取第1类，亦会适当增加一些吉祥含义。如东朵殿东西两山下部，两对象眼绘有一组完整的四友。北侧两类花木分别通过仙鹤和喜鹊的添加，构成了吉祥纹饰"松鹤延年"与"喜上眉梢"。

2. 正殿壁画的绘制年代

（1）元代曾绘壁画

传法正宗殿壁画在元明清三代，至少经历了3次大范围的新绘及重绘（表1-1）。元延祐二年（1315）传法正宗殿创建之时当为新绘，因为新建庑殿顶主殿，特邀溥光禅师题匾而不绘壁画的可能性颇低。然而，元代壁画现已荡然无存，其内容亦无从考证。有学者提出北壁和扇面墙（现已无存）壁画可能为元代绘制、后期重描，但依据不甚充分[1]。如与版画《水陆道场神鬼图像》（以下简称《图像》）比较，可以看出北壁壁画实则更接近明代风格（见图M6-M10）。当心间扇面墙建造时间不详，但其正面壁画内容与具有明代风格的造像匹配良好（详见下文），背面则有明代供养人形象，表明20世纪50年代所见壁画初绘于明代的可能性较大。同时，殿内现存四壁壁画和建筑彩画在细部纹饰及图像组织上均具有明显的相似性。由彩画的清代风格亦可推测，相关壁画的绘制年代不应早于清代。

表1-1　永安寺传法正宗殿壁画沿革

年代		说明	状态
元	延祐二年（1315）	前任地方官员高璞捐资创建传法正宗殿；可能新绘壁画，内容不详。	现已无存
明	嘉靖二十二年（1543）	地方军官郭江主持重修；可能新绘为水陆画。	现已无存
清	康熙十五年（1676）	重修殿宇；可能在明代水陆画基础上补绘。	现已无存
	乾隆二十六年（1761）	浑源知州桂敬顺主持大修；新绘水陆画，可能摹自明代壁画，再现明代旧貌。	保存较好

（2）明代曾绘壁画

明代传法正宗殿壁画至少经历过一次重绘，时间在嘉靖二十二年（1543）前后。其内容很可能是水陆画，粉本恐为与《图像》同源的版画。相关依据有以下4点。就文献记载来看，其一，殿内当心间扇面墙背面下部原绘供养人画像着明代服饰[2]。由此证明，明代殿内壁画必然经历过重绘。其二，传

[1]　如北壁十大明王"巨壮诡怪，笔力飞动，不像明以后作，但线条有复笔痕迹，知经后世重描"。扇面墙正面菩萨"全幅笔意磊落遒劲，可能是元画，但经重描"；扇面墙背面观音及二随侍"行笔更是雄健圆转"，其主要依据为"笔意"。见宿白. 浑源古建筑调查简报//雁北文物勘查团报告：106. 另如"（扇面墙）前后菩萨、胁侍及飞天像，未经重绘。其造型、风格似具元代特征"，见柴泽俊，编著. 山西寺观壁画：153.

[2]　"扇墙后面的下部，画满了一排一排注有姓名和捐款数目的供养人像，东侧都着清式官服，最前面的是宣成义……西侧的也着官服，年代应和东侧相同。但当中的却着明代衣冠……彩画笔调也比两侧暗旧，所以它可能还是明代作品"，见《简报》。"观音下面高约80公分，画供养人像。东面十人，西面十四人，明代平民装束，画法熟练，多为夫妻并列。观音左右各长约5公尺，高约2公尺，画有上下两层的供养人像，均清代服装。上层官服有题名，无女性"，见俞剑华. 中国壁画[M]. 北京：古典艺术出版社，1958：146. 另据1956年勘察记录，扇面墙"宽12米，高约5米（此数据与俞剑华考察记录及现存内柱柱身痕迹差异较大，本文暂依俞文）"，背面当心间观音"两侧画供养人像，分上下两层，多数着清代服装。第一尊供养人像，即信官宣成义"，见柴泽俊，编著. 山西寺观壁画[M]. 北京：文物出版社，1997：153.

图1-4　严寒大暑图像人物比较（1《水陆道场神鬼图像》；2永安寺壁画R55；3重泰寺壁画）
图片来源：3金维诺，主编. 中国寺观壁画全集3：明清寺观水陆法会图：226.

法正宗殿匾牌留有地方军事要员郭江主持、嘉靖二十二年的重修记录，表明该殿在此期间曾有大规模的修造活动。

就现存实物来看，首先，明清同类水陆画通常在人物形象上呈现出一定的时代特征。永安寺壁画中原绘供养人服饰的时代特征颇为鲜明，在水陆画中则止于明代衣冠。清代同类水陆画中的人物则有剃发蓄辫或顶戴花翎的形象，如蔚县重泰寺、佳县观井寺等（图1-4）。由此推测，永安寺水陆画的初绘时间很可能在明代。柴泽俊也根据人物造型称其"应是明代作品"[1]。其次，殿内水陆画与《图像》同源。《图像》的刊行时间考定为成化年间（1465～1487）[2]，与嘉靖相距不远。同时，作为浑源州僧正司所在，永安寺当时藏有同源版画，并以此作为"宗教教材"（见李之檀跋）和壁画粉本，这一推测亦合乎情理。当然，传法正宗殿明代壁画已无从考证，其粉本亦可能为根据同源版画或壁画临摹而成的画稿。

明代佛寺内，造像、壁画、彩画中宗教元素的设置往往具有鲜明的整体性特征，尤以官方营建体系影响下的寺院为典型。参考旧照可知，传法正宗殿当心间原有毗卢佛造像、背光[3]与其后扇面墙所绘圆光、菩萨、飞天等均具有良好的匹配关系（图1-5，1～2）。由此表明，二者为同期作品的可能性较大。毗卢佛造像结最上菩提印，相关手印虽然在金、元时期已经出现，但在明代更为普及[4]。宿白

[1] 柴泽俊，编著. 山西寺观壁画：112-115.

[2] 李之檀. 水陆道场神鬼图像[G]//中国古代版画丛刊二编：第2辑. 上海：上海古籍出版社，1994：1-3.

[3] 传法正宗殿造像因粮库占用毁于1966年。此外，山门造像因工读中学占用毁于1952年；天王殿造像毁于新中国成立前；东西朵殿、配殿造像毁于20世纪50～60年代，见张建德，编. 恒山脚下的水陆道场：永安禅寺[M]. 北京：文物出版社，2019：15.

[4] 赖天兵. 两种毗卢遮那佛造型：智拳印与最上菩提印毗卢佛造像探讨[J]. 中国藏学，2009（3）：177-186.

图1-5　传法正宗殿旧照

（1～2当心间毗卢佛造像及扇面墙正面；3～4殿内西侧护法及菩萨；5扇面墙背面
下部供养人）

图片来源：1佚名. 永安寺佛殿[J]. 艺林月刊：游山专号，1937（9）：13；2～5
宿白. 浑源古建筑调查简报：122.

曾指造像应为旧塑，但后世屡经重装。结合以上分析，配合旧照及佛台勘测资料（详见下文）推测，
在嘉靖重修时，传法正宗殿始建时的造像本体及其配置格局很可能得以保留，但在彼时流行的规范化
空间配置模式影响下（详见下文），伴随着水陆画的绘制，各类造像及当心间扇面墙可能进行了整体
性的重修或重装，呈现出较为统一的明代风格。延至清代，无论造像的重装抑或壁画的新绘，均未脱
离明代旧貌（图1-5，3～4）。

（3）**清代现存壁画**

目前学界一般认为传法正宗殿四壁现存壁画绘于清代 [1]，但具体的创作时间则有两种不同意见。

---

[1] 史宏蕾对相关研究进行了总结，见史宏蕾. 神祇众相：山西水陆寺观壁画中的艺术与科技价值[M]. 北京：中国社会科学出版社，
2013：173-177.

其一为康熙时期。《永安寺置造供器记》明确记录了康熙十五年（1676）壁画的绘制："丙辰之岁殿宇重塈，画工摅诚绘壁，协力冥阳水陆，诸神悉备，金碧辉煌。"同时，殿内东西次间扇面墙（现已无存）背面原绘供养人着清代官服，东侧居于首位者即为康熙十二年至十八年（1673～1679）任职的宣成义，从而进一步提示了施绘的年代（图1-5，5）。其二为乾隆年间。赵明荣将壁画榜题中的信士名录，以及乾隆二十八年（1763）《浑源州志》捐修志书名录进行比较，发现至少5人重名。同时，结合部分纹饰的风格，提出现存壁画的绘制年代应在乾隆年间，且很可能绘于乾隆二十六年（1761）传法正宗殿大修之时[1]。

　　事实上，康熙和乾隆两次绘制的间隔不过八十余年，且期间浑源地区并无兵火、灾异之变，深藏殿内的壁画在正常情况下一般会保存完好。有鉴于此，二者之间应当仅有一次属于新绘，另一次则为修缮和补绘。如康熙朝为新绘，则乾隆朝当为补绘。反之康熙朝属明代作品的补绘，乾隆朝则为新绘。基于以上分析，笔者通过现场考察及综合判断，认为现存壁画应绘制于乾隆年间，且属于整体新绘（图1-6）。对于绘制年代的判定而言，载有乾隆朝信士名录的各条榜题无疑可以作为核心标尺。细观各条榜题，首先可见其样式统一，均为赭色铺地，墨线勾框。无论位置、尺度，抑或色彩、造型，均与画面浑然一体，具有显著的整体性，应与壁画主体同时完成，而非后期添加。其次，各条榜题与壁画内容有诸多交叠之处，部分榜题之边框覆盖于相关图像之上、部分则叠压于图像之下。细审可见画面之中无论沥粉、线条抑或色彩、贴金均应为一次性完成，由此进一步显示了二者的同步绘制关系。最后，各条榜题的底色、墨框、文字均完整均匀，未见明显的二次填色及涂抹覆盖痕迹，由此也排除了乾隆时期通过覆盖早期榜题，新添内容的可能。

　　关于壁画属性为补绘抑或新绘，通过观察其层理关系亦可得到明确答案。首先，壁画内各类线条清晰完整，用色整齐均匀、一气呵成，极少有复笔重描、多层叠压的痕迹，显示出整体新绘的特征。其次，现存壁画颜料层较薄，破损处还可直接观察到白色的衬地粉层乃至草泥地仗。现今无论颜料层、粉层抑或地仗之下均无明显叠压、修补痕迹。综上所述，现存壁画当为乾隆时期整体新绘，且直接取代了先前旧作。这样看来，康熙十五年所谓"画工摅诚绘壁，协力冥阳水陆"的记载，应为针对明代水陆画的补绘而非新绘。同时，乾隆时期

图1-6 传法正宗殿内檐现状（1面向东壁；2面向西壁）

[1]　赵明荣. 永安寺壁画绘制年代考[D]. 北京：北京大学艺术学院，2004：19-27.

的浑源知州桂敬顺在主持大修时，也强调了"寺久隳废"的状态，一定程度上暗示了康熙时期并非彻底重绘。

然而从现存壁画的风格来看，乾隆所绘当非原创，而是对明代作品的再现，由此也引出了壁画图像的来源问题。金维诺结合碑文，提出壁画为"明代壁画中的佳品"，于康熙年间"曾再补绘"[1]。俞剑华也根据供养人服饰，推测壁画"可能是明代创作，清代重修的"[2]。将现存壁画与《图像》比较可见，前者存在部分持物错用、标志缺失、男女互换等问题。虽然彼时亦可能存在与《图像》同源，且含有此类错漏的版画，并被永安寺画工作为粉本使用，但这种可能性较低。更为合理的解释是乾隆时期的画工先对康熙增补后的明代壁画加以临摹，再以此画稿为粉本新绘而成。由于嘉靖至康熙已百年有余，寺院在明清之交更遭"兵燹"，壁画漫漶在所难免。加之康熙时期的补绘，由此造成后期画工的误读也就不足为奇了。这一推测自然建立在明代原绘壁画更加贴近《图像》的基础上，因此也不能排除明代作品已有此类缺陷的可能。

对于现已无存的扇面墙而言，根据俞剑华考察记录及现存内柱柱身痕迹来看，东西次间扇面墙仅高两米左右（高约2公尺，见图2-7），且背面所绘均为清代供养人（含宣成义）。由此推测，这两处扇面墙很可能是清代康熙时期效仿当心间做法，为容纳更多的供养人形象而专门增建的。至于当心间扇面墙则如前所述，在清代可能仅有局部补绘，其后基本保持了明代旧貌。

（三）正殿画塑体系的价值体现

1. 范式与档案意义

明清时期北方地区佛寺建筑内举办规模盛大的水陆法会时，与《天地冥阳水陆仪文》（以下简称《仪文》，主要指《仪文》三卷，详见下文）匹配的水陆图像中，契合度较高者以《水陆道场神鬼图像》为代表。

永安寺传法正宗殿属于举办水陆法会的典型场所，明代僧会司、僧正司的设置，以及明清地方官员主导的修造活动亦使之成为名副其实的州城要寺。寺院的重要地位虽然限制了民间画工的恣意发挥，却使壁画成为同《仪文·坛图式》"水陆牌像"和《图像》体系完整对应的难得实证。永安寺壁画包括原绘于当心间扇面墙正面的菩萨、现绘于北壁的十大明王，以及现绘于东、西、南三壁的六凡图像。其对《图像》同源版本近乎誊写的做法以及局部问题的修正呈现出理性、严谨的特征，其对四天王、五岳、四渎等特殊色彩的把握也合乎仪轨。

在国内现存庞大而复杂的水陆画图像体系中，永安寺壁画与《图像》同源，年代较早、质量上乘，且证实了此类场所在明清两代的连续传承。与同类文物相比，永安寺壁画的价值并不在于独特的构图设计、灵活的艺术处理，抑或卓越的表现技法。事实上，在意义重大的水陆法会中，对相关仪轨的恭谨尊奉，便足以使之具备更为重要的范式及档案意义。

[1] 金维诺，主编. 中国寺观壁画全集3：明清寺观水陆法会图[M]. 广州：广东教育出版社，2011：4.

[2] 俞剑华. 中国壁画：145–148.

2. 区域化的匠作体系

壁画作为传统匠作体系的一个门类，其风格与流布往往具有显著的地域性特征，元代晋南寺观壁画之"朱好古画派"即为一例[1]。此类地域性特征固然与行政区划有关，但其关联性同人员流动及由此带来的文化传播更为密切，故而在很大程度上可以通过方言分区予以分析和阐释。

参考北方地区现存绘有水陆壁画（或凿有同类石刻）的寺院可知，其分布虽然在行政区划上横跨晋、冀、陕三地，但除较早的稷山青龙寺和洪洞广胜上寺地处汉语方言的中原官话区外，余者均同晋语区[2]的主要片区存在明显的联系，如并州片、五台片、大包片、张呼片、吕梁片和上党片[3]（见表2-2）。综合考虑《仪文·杂文》内"大明国山西太原府"的记载，可以认为自元代以来，特别是明代中期之后，现今的晋语区范围内以并州片为中心，出现了一股营建水陆道场的风潮。这种风潮最终催生了特定的空间组织模式（详见下文），并对相关寺院的营建产生了深远的影响。

上述风潮的成因尚待进一步研究，但长久以来晋、冀、陕、蒙四地之间的人口流动，特别是明代中、晚期华北、西北长城沿线的军事、商贸活动和自然灾害无疑起到了重要的推动作用。永安寺所在地浑源县从方言分区上属五台片，涵盖山西忻州、朔州周边各县，以及陕北部分地区。从行政建制上，浑源州明清时期则属大同府，由此亦与大包片，即山西大同、内蒙古包头一带联系起来。传法正宗殿内水陆道场的构建由此在两类因素的共同影响下，成为区域匠作体系的代表性作品。

3. 规范化的空间组织模式

如前所述，通过对现存水陆壁画的梳理可以看到，元代以降华北、西北地区的汉传佛寺于殿内设置水陆道场的做法颇为流行，尤以明代中、晚期兴建的寺院为典型。这种做法通常将神祇的供奉与水陆道场的设置相结合，且多设于正殿之内。由明清遗留的大量同类场所，或可推测彼时存在一种官方认可、影响深远的规范化空间组织模式[4]。如与永安寺临近的繁峙公主寺、阳高云林寺、怀安昭化寺，以及晋中地区的太谷圆智寺、晋东南地区的平顺金灯寺、河北石家庄毗卢寺等，正殿均建于明代，其内部水陆壁画（石刻）也大体于同期完成[5]（见表2-2）。这种分布于广大地域，具有同构性特征的做法显然不是偶然的巧合，而当为特定空间组织模式影响下的结果。

石家庄毗卢寺现存明嘉靖十四年（1535）《重修毗卢寺记》载有："自弘治、正德、嘉靖，历三朝募众缘，而功成盖四十余年矣。所谓出入开阖则有山门，祝寿焚修则有如来之殿，护持金田、洪

---

[1] 孟嗣徽. 元代晋南寺观壁画群研究[M]. 北京：紫禁城出版社，2010：186-195.

[2] 包括并州片、吕梁片、上党片、五台片、大包片、张呼片、邯新片、志延片，见中国社会科学院语言研究所，中国社会科学院民族学与人类学研究所，香港城市大学语言资讯科学研究中心，编. 中国语言地图集：第2版 汉语方言卷[M]. 北京：商务印书馆，2012：B1-13、92-102.

[3] 石家庄毗卢寺虽属冀鲁官话区，但与晋语区张呼片之鹿泉地区毗邻，亦当受到晋语区的影响，见中国社会科学院语言研究所，中国社会科学院民族学与人类学研究中心，香港城市大学语言资讯科学研究中心，编. 中国语言地图集：第2版 汉语方言卷：B1-3. 此外，蔚县在明代至清初均属大同府，存在相互交流的可能。

[4] 现存佛寺内水陆道场的空间组织和内容配置模式大体分为3类，前两类均设在正殿。第1类以大雄宝殿为正殿，水陆道场通常围绕释迦佛组织。第2类以毗卢殿为正殿，水陆道场随之围绕毗卢佛展开。第3类通常设在作为过殿或耳殿的弥陀殿或水陆殿内，围绕阿弥陀佛组织（见表2-2）。

[5] 此外，阳曲佛堂寺、蔚县故城寺正殿均为明构。两寺现存水陆壁画虽经清代重修或重绘，仍具有明代风格，故而亦当受到上述空间组织模式的影响。同时，陕西佳县兴隆寺石窟亦为明构，现存水陆壁画绘于清代晚期，但呼延胜认为其首绘时间应与建筑创建时间大体同期（见表2-2）。

图1-7　传法正宗殿东侧隔架壁板正、背两面彩画佛像

传释脉则有伽蓝、祖师之堂，设水陆、供天神则有毗卢之殿，礼诵功课则有晨昏钟鼓，僧徒栖上、挂锡安心则有两廊寮舍，精修禅观、讲论宗旨则有法堂，登高望远、回出尘劳则有东楼阁……"[1]此段碑文清晰准确地描述了毗卢寺的建筑空间格局，特别是总结概括了各类殿宇的使用功能。其中"设水陆、供天神则有毗卢之殿"一句表明在作为正殿的毗卢殿内，已将神祇的供奉与水陆道场的设置合为一体，直接体现出上述空间组织模式的作用。

反观永安寺传法正宗殿，其整体格局应完成于明代中期左右。据此推测，殿内宗教元素的设置很可能是上述空间组织模式影响下，重新改造的结果。明代以来，后人巧妙利用传法正宗殿内的元代旧有格局，将壁画与造像、彩画有机结合起来（乃至对大殿南向大型月台的再利用），共同构建了涵盖神祇供奉和水陆道场的综合性体系。壁画在真实反映明代风貌的基础上，亦完整再现了《图像》的次序和内容。造像则包括原塑于当心间及东西次间以毗卢佛为核心的三佛、佛像外侧的四菩萨，以及入口两侧的二护法。与之匹配的彩画绘于当心间藻井下方东西两侧隔架壁板背面，各以5尊佛像（西侧现已漫漶）合为十方佛（图1-7，见图2-7）。此种做法从空间布局上强调了以毗卢佛为首的诸佛之重要地位，同时也与四壁的水陆画形成呼应。

4. 格局转折期的例证

将《简报》插图二"传法正宗殿平面和寺内碑幢分布"与1999年《永安寺保护修缮》工程"传法正宗殿内神台平面图"[2]进行对比，可以看出二者对佛台基址造型的判断有所出入。依据后者的勘测成果可知，原有佛台主体呈矩形，在其南向边缘的东西两侧各出一接近方形的小佛台与主体相连，整

[1] 康殿峰. 毗卢寺壁画[M]. 石家庄：河北美术出版社，1998：6-7.

[2] "传法正宗殿内神台平面图"绘于1999年8月19日，属《永安寺保护修缮》分项工程"传法正宗殿佛台"勘测成果，技术负责人吴锐，工长韩建喜，班（组）长王建伟。吴锐先生提供了勘测资料，并绘制草图，对造像布置进行了推测。

体近于凹字形。在凹字形佛台南向，另有独立分布、接近方形的两个基座（见图2-7）。

整体来看，传法正宗殿佛台继承了唐辽以来的凹字形佛台造型传统，颇具古风。在细部做法上，该佛台则呈现出明显的演化痕迹。其凹字形之双臂已不似早期佛台般仅做简单的直线形延伸，而是演化为相对独立，且突出于主体之外的方形，显示出一种若即若离的特征。佛台南向与之分置的方形基座，则进一步凸显了这种分离趋势。相关格局一方面体现出早期诸尊共聚一堂的凹字形佛台之影响，另一方面又凸显了宋金以来，天王、力士等护法逐渐与主尊分离，转而单独设台供奉的趋势[1]。由此可见，这种格局更加符合金元之际的佛台造型特征，应为殿宇初建时的遗存。传法正宗殿原有佛台造型所具有的过渡性特征可谓上承唐辽遗风，下启明清之制，是佛殿造像供奉格局转折期的重要实例，直接体现了中古时期以来造像供奉格局的演化轨迹，及其对后期佛台造型的影响。

参考旧照及《永安寺保护修缮》工程"传法正宗殿内神台平面图"中的台基尺寸可以看出，殿内所塑护法体量颇大，与高居佛台之上，却较为小巧的菩萨造像形成了鲜明的对比（见图1-5，3～4）。此种尺度差异与佛台造型类似，亦可能源自早期造像配置模式的影响。典型者如五台南禅寺大殿、义县奉国寺大雄殿、朔州崇福寺弥陀殿等，均以纤弱小巧的胁侍菩萨与高大威猛之护法匹配，与二者在明清时期体量相对均衡的配置模式差异显著。

5. 对画模式的运用

经清代重绘后，永安寺壁画较为清晰地展现出彼时北方地区寺观壁画绘制中流行的"对画"模式，即殿内中轴线两侧壁画分别由两个存在竞争关系的画工团队完成。就整体布局而言，传法正宗殿相互对称的东西两壁分设17幅与16幅图像，南壁东西梢间则各置4幅与5幅图像（图1-8、见图2-7），数量设置上存在明显差异。

就细部处理而言，赵明荣通过比较发现了两侧壁画的一些差异，包括背景纹饰的选择、衣饰中锦纹的运用、画面精细度与观者视线的关联性、榜题的叠压关系、眼部画法等[2]。通过对比分析可以看出，东侧画工追求富丽堂皇的装饰效果，部分图像不惜采用与人物身份不符的繁丽衣纹和复杂修饰，且恣意发挥的成分偏多，如比丘尼、烈女中的男性形象；儒生中的女性形象等，从而对壁画的艺术水准造成了一定程度的影响。与之相对，西侧画工更重图像的宗教含义，其作品相对严谨，纹饰、色彩的运用也较为收敛，仅将部分凄苦的孤魂描绘得更加祥和。

同壁画相比，殿内建筑彩画亦可看到对画模式的明显痕迹。中轴线东西两侧对称构件的彩画在构图、纹饰、色彩、画法等方面多有差异，且与同侧壁画的特征有诸多相似之处。对画模式在两类匠作中的运用，也进一步呈现出传法正宗殿水陆法会体系的综合性特征。

---

[1] 现存早期典型的凹字形佛台见于五台南禅寺大殿、大同下华严寺薄伽教藏殿、长子法兴寺前殿、朔州崇福寺弥陀殿等，已毁的大同下华严寺海会殿、榆次永寿寺雨花宫亦有类似做法。此外，义县奉国寺大雄殿的佛台造型较为特殊，其整体呈凹字形，但东西两壁金柱处内凹，使前部南向的双臂造型近于方形，形如传法正宗殿佛台。这种做法可能源于木构维护的便利，亦可能为传法正宗殿佛台造型之先声，具体缘由尚待进一步考证。相关研究另见柴泽俊，柴玉梅. 山西古代彩塑[M]. 北京：文物出版社，2008：28-30.
[2] 赵明荣. 永安寺壁画绘制年代考：28-32. 然而就画面精细度与观者视线的关联性而言，西侧下层主体为凄苦的孤魂，故而难以与上层神祇进行类比。

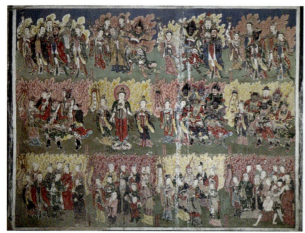

图1-8　传法正宗殿南壁东西梢间六凡全貌

6. 流行元素的纳入

在明代僧录司—僧纲司—僧正司—僧会司四级僧官系统的约束与影响下，传法正宗殿宗教元素的设置呈现出官式与风土营造体系的交互作用。如前所述，殿内通过壁画与造像、彩画的结合，共同构建了涵盖神祇供奉和水陆道场的综合性体系，体现出规范化空间组织模式的影响。但相关内容也并非尽属水陆法会体系，而是通过两类流行元素的纳入，反映出明代佛教信仰特征及其对清代的持续影响。

首先，殿内原奉三身佛与当心间扇面墙背面原绘大型观音[1]的组合，属于明代早、中期汉地寺院的通行设置。明初僧录司所在地南京天界寺内，中轴线上建有一座地位显赫的毗卢阁。姚广孝在永乐年间专门撰写了《天界寺毗卢阁碑》，其中一段描述即为："上供法报化三佛及设万佛之像，左右庋以大藏诸经法瓯，后延观音大士示十普门。"[2]上述设置反映出同期《华严经》《法华经》两部经典，及其所涉毗卢佛和观音菩萨（观世音菩萨普门品）的重要影响[3]。天界寺的此类空间布局可能因僧录司这一最高佛教管理机构的地位而形成了一种影响深远的范式，北京法海寺大雄宝殿造像、藻井与壁画的组合就是此类配置的体现。在永安寺设置僧正司后，亦可能直接影响了传法正宗殿的布局。

其次，传法正宗殿彩画中，两侧隔架壁板背面所绘十方佛与正面26尊佛像的结合[4]，同流行于明清北方佛寺，且受到官方推崇的三十五佛系列联系起来[5]。在明代中晚期殿、塔藻井的天宫楼阁周边，三十五佛的设置尤为多见，北京智化寺藏殿、如来殿，以及洪洞广胜上寺飞虹塔藻井均为其中的典型。就晋北地区而言，则以大同善化寺大雄宝殿为代表。明代中期善化寺设僧纲司，为大同府僧众

[1] 根据宿白"观音和二侍者"、俞剑华"画一大观音，旁有善才、龙女"，以及柴泽俊"画观世音菩萨和龙女、善财童子像"的记载推测，永安寺扇面墙原绘观音很可能为水月观音，因其与善财、龙女二胁侍的组合最为流行。同时，《仪文》中观音菩萨的奉请辞亦有"慈悲坚固似钟峰，自在神通如水月"之说（见表3-1）。

[2] 〔明〕葛寅亮. 金陵梵刹志//中国佛寺史志汇刊：第1辑第4册：750.

[3] 感谢故宫博物院罗文华先生的提示。

[4] 隔架壁板正面26佛有半数缺失，残留的佛像亦有部分手印漫漶，故而其图像渊源暂时难以考证。同时，背面十方佛现缺西向的后5尊，《图像》则缺前5尊（右1），致使两组图像的交叉对比无法实现。

[5] 明代三十五佛一般含36尊。在五台塔院寺释迦文佛真身舍利宝塔须弥座与覆钵之间，三十六瓣覆莲即刻有三十五佛图像。

的管理机构，其所辖即含浑源州僧正司。善化寺大雄宝殿与永安寺传法正宗殿类似，仅在当心间设置藻井，藻井下方亦为毗卢佛。同时，大雄宝殿亦当以壁画之十方佛与藻井彩画中的26佛合为36尊（详见彩画部分）。结合善化寺和永安寺三十五佛的设置，以及府属之僧纲司和州属之僧正司的地位来看，二者可能均源自明代通行的范式，表达常住一切世界诸佛的概念。

二　正殿壁画的基本内容与整体构成

（一）图像源流与影响因素

1. 水陆法会的沿革及分类

永安寺传法正宗殿所绘水陆画，属于僧人举办水陆法会（水陆大斋）时，与相应修斋仪轨结合使用的神鬼图像。北宋天台僧人遵式指出，"所谓水陆者，取诸仙致食于流水，鬼致食于净地之义"[1]。总体而言，水陆法会召请神鬼、供养斋食的目的主要在于超度亡灵、为众生祈福，从而拔济六道四生之苦。此项功德或为清人在永安寺"歌祝祈禳"的原因所在。

关于水陆法会的源流，周叔迦在20世纪90年代已进行过系统总结[2]。整体看来，后世广泛征引的文献主要集中在宋代。北宋熙宁四年（1071）杨锷《水陆大斋灵迹记》将水陆法会的创立归于南朝梁武帝，并描绘了天监四年（505）金山寺修设法会的经过。同时，记载了水陆法会在陈、隋两朝中断后，于唐咸亨年间（671～674），由西京法海寺英禅师复兴的过程。北宋绍圣三年（1096），宗赜《水陆缘起》所述与之大同小异[3]。其后，相关文献大体延续此说。如日本学者牧田谛亮在《水陆会小考》中所言，上述两文在收入嘉泰四年（1204）《施食通览》后，对南宋宗鑑《释门正统》、志磐《佛祖统记》有关水陆法会的记载起到了决定性的影响[4]。目前水陆法会源自南朝之说尚难以考证，金维诺认为可以追溯到晚唐时期[5]，戴晓云则进一步指出其于晚唐已十分成熟[6]。遗憾的是，宋代以前无论完整的水陆仪文，抑或与之密不可分的水陆图像，现今均已无存。然而通过零星记载尚可看出，水陆仪轨的发展有逐渐复杂化的趋势。依北宋宗赜《水陆缘起》所载，杨锷"仪文三卷行于蜀中，最为近古"，宗赜本人于绍圣三年（1096）所集已含四卷。苏轼在元祐八年（1093）"绘水陆法像，作赞十六篇"[7]。至南宋，乾道九年（1173）史浩所制仍含四卷[8]，志磐则续成"新仪六卷"，绘像"二十六轴"[9]。宗鑑亦称"然江淮京淛所用像设一百二十位者，皆后人踵事增华，以崇其法"[10]。

明末智旭对水陆法会进行了所谓"南水陆"与"北水陆"的划分。其《水陆大斋疏》记有，"云栖大师（袾宏）依此（志磐）仪稍事改削，行之古杭。……盖由磐公较定后行于四明，世称南水陆。

[1]　〔宋〕释宗鑑，集. 释门正统[G]//卍续藏经：第130册. 台北：新文丰出版公司，1994：802.
[2]　周叔迦. 法苑谈丛[M]. 北京：中国佛教协会，1990：38-39.
[3]　〔宋〕释宗晓，编. 施食通览//卍续藏经：第101册：440-443.
[4]　[日]牧田谛亮. 中國近世佛教史研究[M]. 京都：平乐寺书店，1957（昭和三十二年）：169-193.
[5]　金维诺，罗世平. 中国宗教美术史[M]. 南昌：江西美术出版社，1995：233-235.
[6]　戴晓云. 佛教水陆画研究[M]. 北京：中国社会科学出版社，2009：14-18.
[7]　所谓"眉山水陆"即由此而来，见〔宋〕释志磐. 佛祖统纪//大正新修大藏经：第49册：418.
[8]　"史魏公过金山，览梁武帝水陆仪轨之盛。谓报恩度世之道在是，乃于月波山创殿设十界像，与名僧讲究制仪文四卷，以四时修供"，见释志磐. 佛祖统纪//大正新修大藏经：第49册：428.
[9]　〔宋〕释志磐. 佛祖统纪//大正新修大藏经：第49册：321.
[10]　〔宋〕释宗鑑. 释门正统//卍续藏经：第130册：802.

而金山旧仪（传南朝梁），被宋元以来世谛住持附会添杂，但事热闹，用供流俗士女耳目，世称为北水陆也"[1]。赵伟通过比较分析，说明二者在神祇构成上具有较高的相似度[2]。同时指出，虽然所谓"南水陆"源自南宋志磐撰写、明袾宏重订之《法界圣凡水陆胜会修斋仪轨》六卷，但在重订之前，其影响仅限于浙江四明一地，难以与金山水陆分庭抗礼。且"北水陆"所涉金山旧仪同史浩水陆密切相关，而志磐水陆又承自史浩水陆，故而两类仪轨难以截然相分。清代咫观将志磐仪文、"明代通行《天地冥阳水陆仪文》"、明袾宏重订仪文、清"仪润所集通行本水陆仪轨"并置，亦未做出南北之分[3]。其中作为明代通行本的《天地冥阳水陆仪文》六卷，包括《仪文》三卷、《仪文·杂文》两卷，以及《仪文·坛图式》一卷。此仪文目前尚存明代版本若干[4]，无疑反映出其流行程度。明清时期相应的水陆图像同样遗存较多，包括版画、卷轴画、壁画等[5]，永安寺壁画即属此类（表2-1、表2-2）。相关图像所涉神鬼类型颇为繁杂，同智旭之说相符。

表2-1　现存明清北方地区典型水陆版画、卷轴画、纸牌画

类型	名称/来源	地点	年代
版画	《水陆道场神鬼图像》	国家图书馆藏	明成化时期（1465-1487）[6]
卷轴画[7]	山西右玉宝宁寺	山西博物院藏	明代[8]
	甘肃古浪泗水堡	古浪县博物馆藏	明初/明万历三十一年（1603）、清雍正六年（1728）重裱[9]
	青海乐都西来寺	青海省博物馆藏	明万历三十九年（1611）/清康熙三十九年（1700）重裱[10]
	山西太岳区旧藏	山西博物院藏	清康熙八年（1669）[11]
纸牌画	麦积山瑞应寺旧藏	麦积山石窟艺术研究所藏	清乾隆四十四年（1779）[12]

---

[1] 〔明〕释智旭. 灵峰蕅益大师宗论[G]//嘉兴大藏经：第36册. 台北：新文丰出版公司，1987：387.

[2] 赵伟. "南北水陆"辨[J]. 美术观察，2019（3）：52-57.

[3] 〔清〕释咫观，记. 法界圣凡水陆大斋法轮宝忏//卍续藏经：第130册：173.

[4] 现存明代版至少有7个，分别藏于普林斯顿大学葛思德东方图书馆（明初山西太原本）、国家图书馆（明正德山西文水本）、北京师范大学、中国人民大学、北京大学、湖南社科、日本私人图书馆。见戴晓云. 佛教水陆画研究：28-30. 因普林斯顿大学本最为完整，且太原与浑源临近，故以下引文均参考此本。

[5] 柴泽俊通过对山西诸寺的系统考察，认为明代及"明代以前曾悬挂水陆卷轴画者，不下数十处之多"，其中包括"繁峙县岩山寺、朔州市崇福寺、高平市开化寺、洪洞县广胜寺、稷山县青龙寺、右玉县宝宁寺、天镇县慈云寺等"，另有"大同市华严寺、阳高县云林寺、应县净土寺、阳曲县不二寺、太原市崇善寺、崛嵬山多福寺、天龙山圣寿寺、太谷县圆智寺和净信寺、灵石县资寿寺、隰县小西天、襄汾县普静寺、新绛县白胎寺和福盛寺、平顺县龙门寺、长子县法兴寺、繁峙县三圣寺和公主寺、高平市定林寺、偏关县白云寺等"。同时，总结出寺内绘有水陆壁画者包括"河曲县圣寿寺、临汾市兴佛寺、太谷县圆智寺、浑源县永安寺、阳曲县不二寺、灵石县资寿寺、阳高县云林寺、繁峙县公主寺、洪洞县广胜上寺、太谷县净信寺、陵川县南吉祥寺等"，另有阳曲龙泉村南三藏寺、繁峙大李牛村东文殊寺，见柴泽俊，编著. 山西寺观壁画：114、153、84、90.

[6] 李之檀. 水陆道场神鬼图像跋//中国古代版画丛刊二编：第2辑：1-3.

[7] 首都博物馆、北京白云观、大同市博物馆、太谷县文管所、洛川民俗博物馆、武威市博物馆、大连金州博物馆等处亦藏有系列水陆画。此外，明景泰五年（1454），御用监太监尚义等监造的一堂水陆画部分现藏于巴黎吉美国立亚洲艺术博物馆。

[8] 山西博物院，编. 宝宁寺明代水陆画[M]. 北京：文物出版社，2015：7；感谢谢继胜先生对"右第九/阿氏多尊者、荼畔吒迦尊者"所书经文的阐释。

[9] 民乐县文物局、民乐县博物馆，编. 民乐水陆画[M]. 兰州：敦煌文艺出版社，2013：1-2.

[10] 白万荣. 青海乐都西来寺明水陆画析[J]. 文物，1993（10）：57-63.

[11] "水陆缘起文"末题有"康熙己酉年季秋谷旦"。

[12] 夏朗云. 麦积山瑞应寺藏清代纸牌水陆画的初步整理[J]. 文物，2009（7）：79-95.

表2-2　北方寺院现存典型水陆图像（标*号之壁画与建筑大体同期）

寺名	地点/殿名	壁画绘制年代	核心造像
山西稷山青龙寺*	腰殿（原名弥陀殿）	元至正十六年至明洪武元年（1356-1368）/明代局部补绘[1]	可能为阿弥陀佛立像
山西繁峙公主寺*	大雄殿[正殿]	明弘治十六年（1503）[2]	释迦佛[三世佛]/清代[3]
山西平顺金灯寺石窟*	水陆殿[正殿]	明弘治十七年（1504）[4]	释迦佛[三世佛]
河北石家庄毗卢寺*	毗卢殿[正殿]	明嘉靖时期（1517~1535）[5]	毗卢佛，可能为后塑
河北怀安昭化寺*	大雄宝殿[正殿]	明嘉靖四十一年（1562）[6]	释迦佛，壁画绘毗卢佛
山西高平佛堂寺*	正殿	明嘉靖四十年（1561）/清代部分重绘[7]	石佛
山西盂县永清寺*	正殿	明万历六年（1578）[8]	可能为释迦佛
山西太谷圆智寺*	大觉殿[正殿]	明万历三十年（1602）/清代部分重绘[9]	毗卢佛，可能为后塑
山西阳高云林寺*	大雄宝殿[正殿]	明代	释迦佛[三世佛]
山西繁峙东文殊寺*	正殿/明构？	明代	不详
山西屯留宝峰寺*	水陆殿[过殿]	明代/清乾隆时期可能部分重绘[10]	不详
山西寿阳普光寺	正殿/宋构	明崇祯三年（1630）	不详
山西晋中法宝寺*	正殿	清顺治九年（1652）	不详
山西洪洞广胜上寺	弥陀殿[过殿]/元构	清顺治十六年（1659）补绘/明万历十九年（1591）	阿弥陀佛[观世音、大势至]
山西浑源永安寺	传法正宗殿[正殿]/元构	清乾隆时期新绘/明代风格	毗卢佛[三身佛]

[1] 李凇，主编. 山西寺观壁画新证[M]. 北京：北京大学出版社，2011：115-168.

[2] 柴泽俊，编著. 山西寺观壁画：109. 大雄殿前有毗卢殿。

[3] 造像手印近于与愿印，背光中尊与两侧差异显著，可能原为一佛二菩萨。造像情况部分参考国家文物局，山西省文物局. 中国文物地图集：山西分册[M]. 北京：中国地图出版社，2006，下同。

[4] 杨烈. 宝岩寺明代石窟[J]. 文物，1961（12）：42-47.

[5] 康殿峰. 毗卢寺壁画：5-8. 毗卢殿前有释迦殿。

[6] 金维诺，主编. 中国寺观壁画全集3：明清寺观水陆法会图：10. 昭化寺重建于正统八年（1443），见河北省古代建筑保护研究所，编. 昭化寺[M]. 北京：文物出版社，2007：18-20.

[7] 吕书炜. 山西高平南李村佛堂寺水陆壁画考察[J]. 石窟寺研究，2019（0）：269-279.

[8] 永清寺、东文殊寺、普光寺；法宝寺、青石寺、万佛洞主要参考刘栋. 山西现存佛教水陆壁画调查与研究[D]. 太原：山西师范大学历史与旅游文化学院，2019. 文中还考察了明代的繁峙公主寺、繁峙沿山寺、高平佛堂寺、沁水惠济寺、屯留宝峰寺、长子广化寺，以及清代的浑源永安寺、阳曲佛堂寺、灵石资寿寺、代县洪济寺、太谷圣果寺、太谷净信寺等水陆壁画（其中沁水西寺壁画并非水陆画，其东西两壁应为二十四诸天）。此外，平遥普明寺亦有水陆壁画遗存。

[9] 圆智寺、云林寺、广胜上寺主要参考柴泽俊，编著. 山西寺观壁画：122、129、115-116.

[10] 水陆殿现存北向板门铁饰题记"成化五年（1469）闰二月初五日造"；脊刹北向题记"乾隆四十二年（1777）六月初六日□"。

续表

寺名	地点/殿名	壁画绘制年代	核心造像
山西阳曲佛堂寺	正殿/明构	清乾隆十年（1745）重修/明代风格[1]	不详
山西灵石资寿寺	水陆殿[耳殿]/明构	清代可能重绘/明成化十八年（1482）[2]	阿弥陀佛[观世音、大势至]
山西太谷净信寺	毗卢殿[正殿]/明构	清代重绘/明崇祯三年（1630）[3]	毗卢佛
山西盂县青石寺	正殿/明构？	清道光二十二年（1842）后重绘/明万历十七年（1589）	不详
河北蔚县故城寺	释迦殿[正殿]/明构	清道光前期重绘/明正德二年（1507）[4]	释迦佛，可能为后塑
河北蔚县重泰寺	水陆殿[过殿]/明构	清代[5]	阿弥陀佛，可能为后塑
山西宁武万佛洞	石窟/明造	清光绪六年（1880）	毗卢佛
陕西佳县兴隆寺	石窟/明造	清光绪八年（1882）重绘/明成化时期（1465-1487）[6]	可能为三身佛
陕西佳县观井寺	佛殿[正殿]/明构	清道光二十一年（1841）重绘/乾隆二十九年（1764）	不详
陕西榆林香严寺	三教殿[正殿]/清晚期重建	清同治四年（1865）重绘/明成化时期（1465-1487）	释迦佛、太上老君、孔子
陕西榆林释迦如来庙	释迦如来佛殿[正殿]/清早期	清光绪时期（1875-1908）	可能为释迦佛

2. 《仪文》《图像》与实物

（1）从《仪文》文本到空间布局

明代北方地区"通行"的《天地冥阳水陆仪文》虽然版本众多，但其母本较为统一。根据学者考证，此本系元本（元贞二年/1296）明刊，成书时间或可追溯到南宋或金代[7]。在明初山西太原本《仪文·杂文》"献状式"内，亦明确记有"大明国山西太原府"。此本六卷中，《仪文》三卷对修斋仪轨和法会召请的十方法界之四圣六凡进行了详细描述，对部分神鬼所处的方位亦有所涉及。《仪文·杂文》两卷则如其序言所表，主体属于"召请诸文"。

[1]　正殿现存重修壁画题记"大清乾隆十年岁次孟秋谷旦立"。

[2]　柴泽俊，编著. 山西寺观壁画：107-108. 另见现存乾隆六十年（1795）《重修资寿寺新建寺南财神楼碑记》："兴役于辛亥（1791）二月，落成于癸丑（1793）八月……若山门……水陆殿及东西各配殿，巍然焕然"。

[3]　净信寺《画冥阳水陆记》，见史若民，牛白琳. 平、祁、太经济社会史料与研究[M]. 太原：山西古籍出版社，2002：391-393；另见柴泽俊，编著. 山西寺观壁画：142-144.

[4]　杨海勇. 蔚县故城寺壁画绘制年代考[J]. 文物春秋，2016（5）：92-94.

[5]　金维诺，主编. 中国寺观壁画全集3：明清寺观水陆法会图：11；王辉. 蔚县重泰寺[J]. 文物春秋，1996（4）：59-64，水陆殿即文中之"地藏殿"。

[6]　陕西各寺水陆画情况参考呼延胜. 陕北土地上的水陆画艺术[D]. 西安：西安美术学院，2012：21-152，其他遗存另有佳县报恩寺正殿、榆林金佛寺石窟水陆殿等。

[7]　戴晓云. 佛教水陆画研究：32-36.

《仪文·坛图式》一卷主要为两类场所中举办水陆法会时，诸尊的布局方式提供了参考。第一类以"法界圣坛"等系列图像表达，四圣六凡俱全。参考其文字说明分析，当为旷野设坛时，与卷轴画相匹配的诸尊布局[1]。其中"法界之图"所附文字明确指出"按古作坛之法，或木或土塈筑作三层，共高丈二，用香泥涂之，上作彩楼，四角用吉祥宝幢……四大天王、十大明王、八部神祇等像或用牌子，或用大布围之"（见图2-10，2）。此外，"八卦之坛""天轮之图""地轮之图"等图像同样有用土塈筑之说。与此相应，明代部分水陆法会亦当于旷野中举办，如灵石资寿寺现存正德十一年（1516）《建水陆殿碑记》载有："有僧名智厚，号空庵……顾本村每祈祷禳灾，旷野张挂水陆，几被风雨所阻而不得终其事，僧俗徒遗长叹。"

第二类"水陆牌像"以文字表述，按左、右六十位依次排列，仅涉及六凡神鬼（见图2-5）。根据法界四圣的缺失推测，当为水陆殿一类建筑空间内，与山面壁画匹配的诸尊布局。"水陆牌像"未列四圣的原因大体有两种可能。其一为四圣六凡均以壁画表达时，建筑后壁与相对完整的山面两壁有别，其开间数量、门窗启闭等设置均无定数，故而难以一概而论。其二为水陆殿内的四圣多以造像、彩画等其他方式表达，其布局相对壁画也更加灵活，且常有分期完成的情况。如上述资寿寺《建水陆殿碑记》云，"遂提调门人圆果，会同义官翟守完等各出金帛，营造水陆殿三间，落成于成化十六年（1480）。但殿内未及塑画，而空庵命回造化矣。圆果慨然复愿终其事……明年而浑金佛像，再逾年而壁画水陆。至此，师徒事功殆两尽矣"。

（2）与"水陆牌像"相关的图像

与《仪文·坛图式》"水陆牌像"对应的版画图像以郑振铎旧藏《水陆道场神鬼图像》为代表，得于梵澄法师，考定为明成化年间（1465-1487）所刻。此套版画共152幅，通过每幅图像上角的编号加以组织，整体分为左右两列。同"水陆牌像"相比，《图像》补充了必不可少的四圣26幅，但其布局相对独立，显然与六凡有别（详见下文）。同时，在120位六凡基础上另增导引菩萨6尊。至于《图像》六凡的次序和名号，则与"水陆牌像"几乎完全吻合，且充分展现出《仪文》召请仪轨中，奉请辞的内容。

由"水陆牌像"六凡与山面壁画的匹配，以及《图像》所增四圣分析，彼时将后者用作四壁壁画粉本的可能性较大。太谷净信寺崇祯三年（1630）《画冥阳水陆记》恰好记有："中三身四智诸佛菩萨、明王罗汉、金刚护法；左天藏递至九流百家；右持地大士（递至）三涂六道，共一百五十二龛。"[2]上述记载中，净信寺原绘壁画无论后壁四圣、左右两壁六凡的内容和布局，抑或152龛的数量均与《图像》一致，且与"水陆牌像"一脉相承（见表2-4）。在同期实物中，寿阳普光寺正殿明崇祯三年（1630）壁画布局亦与之大体相符。永安寺现存壁画与《图像》具有显著的一致性，从布局、名号到图像本身均有体现。有学者据此提出，二者出自同一套粉本体系，《图像》可能正是壁画的粉本[3]。

以《图像》为代表的神鬼体系在明清时期呈现出广泛而持续的影响力。如前所述，伴随着明代中

[1] 戴晓云亦持类似观点，见戴晓云. 北水陆法会修斋仪轨考[J]. 世界宗教研究，2008（1）：48-57.

[2] 史若民，牛白琳. 平、祁、太经济社会史料与研究：391-393.

[3] 赵明荣. 永安寺壁画绘制年代考：37-38.

期以来水陆道场营建活动的大规模兴起，该体系在晋语区得到了大面积的传播与运用。就作为中心的并州片而言，包括盂县永清寺（明万历六年/1578）、太谷净信寺（明崇祯三年原绘/1630）、寿阳普光寺（明崇祯三年/1630）、晋中法宝寺（清顺治九年/1652）、阳曲佛堂寺（清乾隆十年/1745）等，至清中期以后变化渐增。此外，陕北地区的佳县观井寺（清道光二十一年/1841）、佳县兴隆寺（清光绪八年/1882）；榆林香严寺（清同治四年/1865）、榆林释迦如来庙（清光绪时期），以及河北蔚县的重泰寺壁画主体亦属此类。就同类卷轴画而言，首都博物馆藏一套清代卷轴画亦与之同源（图2-1）。这样看来，明清用作此类壁画或卷轴画粉本的图像也应存在多个同源版本。其中寺院藏本当以版画为主，《图像》即属此类。版画以印刷方式流通，具有清晰准确的特征，但通常印量不大，对画工而言不易获取。画工藏本多为白描画稿，系直接临摹同源版画或壁画而来。如作为绘塑世家的陕北榆林万家，目前就藏有一套与《图像》相差无几的清代画稿，共计120幅[1]。

通过对永安寺历史沿革的分析可知，寺院从有据可查的第一代住持开始，便着力标榜"正宗"。明代僧会司、僧正司的设置，以及明代后期至清代康乾年间由地方官员倡导的修造活动，则日益巩固了其"州城要寺"的地位。在修造较为集中的清代早、中期，永安寺既是官方认可的重要寺院，其正殿又绘有一堂水陆画。因此，寺院旧时藏有水陆仪文，并定期举办水陆法会的可能性极大。清康熙《永安寺置造

图2-1 首都博物馆藏清代水陆卷轴画
图片来源：北京市文物局，编. 北京文物精粹大系：佛造像卷 下[M]. 北京：北京出版社，2003：179.

供器记》特别提出绘制水陆壁画的目的在于"焚香引气，修设道场"。同《仪文》匹配的壁画既然与《图像》同源，则在永安寺这一具备官方属性，且具有示范意义的要寺内，也可能藏有用于寺僧宗教教材、兼做壁画粉本的同源版画。然而目前看来，永安寺壁画中的部分图像与《仪文》、《图像》出入较大，甚至出现了原有女相绘作男相等明显纰漏（见图L52、图L59）。因此，现存壁画更似画工根据同源画稿绘制而成。

需要注意的是，彼时的画工往往对图像内涵及其与《仪文》的对应关系不甚理解。寺僧一般更重仪轨和经咒，为其提供具体指导的可能性较小。因此，画工在临摹及施绘时往往会因误读而产生诸如持物错用、标志缺失等问题。当原迹漫漶时，其影响就愈发严重了。同时，版画及画稿普遍属于缺乏色彩信息的白描，其运用难免造成特定色彩的不当匹配。加之所参照图像本身的缺陷，以及调整构图时的随意发挥，难免会导致部分人物的身份难以辨识。

[1] 呼延胜. 陕西现存世的几套水陆画的调查及初步研究[D]. 西安：西安美术学院，2007：10.

3. 水陆仪轨的综合性特征

（1）佛教中的显密二宗

水陆法会伴随着佛教的本土化而产生，以佛教为基础，将显密二宗，以及道教、儒家和民间信仰融为一体，在仪文和图像中均有体现。周叔迦即已提出："水陆法会是唐时密教的冥道无遮大斋与梁武帝的六道慈忏相结合而发展起来的。到了宋代杨锷又采取了密教仪轨而编写成《水陆仪》。"[1]至明清时期，禅宗寺院绘制水陆画的做法较为常见，但不应据此认为此类寺院存在密教、道教，乃至儒学的传承。典型者如北京智化寺，历任住持均属临济宗，但寺内为数众多的曼荼罗、真言、咒牌、种子字则体现出同期流行的密教影响。永安寺同样应属临济宗抑或禅宗寺院。其北壁十大明王虽具密教特征，但仍属水陆画范畴。将其分离开来，并由此推测寺院曾传密教的说法显然有失严谨。

水陆仪轨中密教的影响反映出宋元以来佛教信仰的特征。北宋宗赜之《水陆缘起》已经言明"六道中有四圣六凡，普通供养俱承如来秘密神咒功德法食"。《仪文》之"邀请正位"则有"三乘顺请，五教随机；致使唐梵交音，显密齐唱"。超度仪式中颇为重要的"加持传灯显密供养"同样强调显密并重。此外，各段仪文尚有大量文字涉及密教。如"水陆四义"之"将欲建置法事，全凭咒力加持"，后列准提咒。"圣前开启仪"之"释迦如来遗教弟子，奉行秘密加持"。"邀请正位"之"我依如来加持力，宣扬瑜伽秘密文；今于此地建曼拏，圣众慈悲垂加护"。"加持传灯显密供养"之"由是诵陀罗之密语，运想加持；建曼拏罗之净坛，精诚供养"。清咫观更称"水陆仪轨，本属瑜伽；用咒十余，皆有观想"[2]。

值得注意的是，唐密之金、胎两部对《仪文》均有重要影响。就金刚界而言，包括《仪文》"邀请正位"之"作金刚首五部之佛事"、"五方戒坛仪"所涉五方佛及《仪文·坛图式》"法界之图"等，其中"金刚首"所指当为金刚界根本经典《金刚顶经》。就胎藏界而言，《仪文》卷首"水陆四义"录有"金刚瑜伽本部"之"字轮真言"。在胎藏界根本经典《大毗卢遮那成佛神变加持经》（《大日经》）之"字轮品"中，有"而时薄伽梵毗卢遮那告持金刚秘密主言，谛听秘密主，有遍一切处法门。秘密主，若菩萨住此字门，一切事业皆成就"[3]，其后即附此真言。同时，法会召请之诸天、宿曜（十二宫神、二十八宿等）、鬼众等亦属胎藏界神系，早在宗赜《水陆缘起》中业已出现。

（2）其他信仰体系

《仪文》所涉神鬼亦呈现出道教和儒家的显著影响。就道教而言，如紫微垣诸仙、十一曜、十二元辰、天地水三官、北极四圣、四值使者，以及后土圣母、五岳帝君等。就儒家而言，如往古协赞臣僚中"游七国"之孔子，以及往古儒流贤士、孝子顺孙、贤妇烈女等。在"邀请正位"综述中，则同时引用了三教之主对水的解读："释师子（狮子）曰：'菩萨清凉月，游于碧镜空；众生心水静，菩提影现中'。李白阳（伯阳）曰：'上善若水，水善利万物皆静'。孔仲尼曰：'仁者乐山，智者乐水。'"

事实上，与佛教水陆斋对应的道教黄箓斋同样对佛教和儒家有所借鉴。其仪文包括唐末五代杜光庭《太上黄箓斋仪》、南宋蒋叔舆《无上黄箓大斋立成仪》、南宋末元初金允中《上清灵宝大法》

---

[1]   周叔迦. 法苑谈丛：39-40.

[2]   〔清〕释咫观，记. 法界圣凡水陆大斋法轮宝忏//卍续藏经：第130册：49-50.

[3]   〔唐〕释输波迦罗，释一行，译. 大毗卢遮那成佛神变加持经[G]//永乐北藏整理委员会，编. 永乐北藏：第54册. 北京：线装书局，2000：219-221.

图2-2　水陆斋与黄箓斋共用的儒家人物
（1山西博物院藏清康熙八年/1669"忠臣烈士"；2北京白云观藏清初忠臣烈女像）
图片来源：1太岳区旧藏；2李信军，主编. 水陆神全：北京白云观藏历代道教水陆画[M].
杭州：西泠印社出版社，2011：252.

等[1]，相应图像与水陆画亦有一定重叠[2]。尤其在释道共尊神灵，以及人伦、地狱、孤魂的表达中，具有交叉互借的特征。如对两类图像中的儒家人物进行比较，可以看出诸葛亮、专诸、苏武的形象均较常见。黄箓斋仪文之千古英雄、历代将帅中，"七擒而伏南虏"[3]即为诸葛亮典故。水陆斋协赞臣僚中，"亡于易水"一句当与"风萧萧兮易水寒，壮士一去兮不复还"呼应而指刺客荆轲。相应图像则转为更易识别的刺客专诸，以所捧之鱼引出鱼肠剑之典（图2-2）。在为国亡躯将士中，"仗圣德而横冲北塞"为卫青、霍去病北击匈奴至闻颜山、狼居胥山典故，相应图像也转为更易识别的相关人物苏武，以所持旌节为标志。

《仪文》所涉神鬼还包括同星历、堪舆有关的神煞，甚至引入了流行于宋元的南戏人物。如贤

[1] 黎志添. 南宋黄箓斋研究：以金允中"灵宝大法"为例[G]//黎志添，编著. 道教图像、考古与仪式：宋代道教的演变与特色. 香港：香港中文大学出版社，2016：209-234.

[2] 另见洛阳上清宫明万历五年（1577）《黄箓缘起仪文记》、新安铁门镇洞真观明万历二年（1574）《施舍黄箓碑记》、陕西周至明天启五年（1625）《建黄箓殿水社纪名记》等（拓片现藏国家图书馆）。

[3] 〔宋〕金允中. 上清灵宝大法[G]//李远国，主编. 中华道藏：第34册. 北京：华夏出版社，2004：259-265.

妇烈女中，"葬孤贫而裙包细土"所指当为民间传说中的汉代赵贞女。元杂剧《老生儿》第一折有："但得一个生忿子拽布披麻扶灵柩，索强似那孝顺女罗裙包土筑坟台"[1]。元末高明所撰南戏《琵琶记》，就是在宋代旧篇《赵贞女蔡二郎》基础上改写而成的。清代与之相关的官方文献称"蔡中郎妻（赵贞女）事不见史传，虽旧属传奇，恐未足据"[2]，表明士人对此传说仍持怀疑态度。《仪文》所列贤妇另有"抱石投江"者，可能为元吴昌龄所撰杂剧《浣纱女抱石投江》内，有恩于伍子胥的浣纱女。此女在汉袁康《越绝书》中已有记载："子胥行五步，还顾，女子自纵于濑水之中而死"[3]。元明之际的稷山青龙寺水陆画及《图像》中，贤妇烈女类均含兜起罗裙、手捧巨石的女子，同《仪文》相对应。二女与戎装在身的花木兰、引斧断臂的王凝妻李氏、手刃父仇的赵娥、捧持麦穗的寡妇[4]等齐聚一堂，显得亦幻亦真（图2-3）。至清代，相关人物仍出现在道教黄箓斋图中（见图2-2，2下）。

（二）水陆仪文与系列图像的匹配

1. 水陆法会的召请需求

1   2

图2-3 水陆画中的贤妇烈女（1山西稷山青龙寺壁画；2河北石家庄毗卢寺壁画）
图片来源：1柴泽俊，编著. 山西寺观壁画：219；2康殿峰. 毗卢寺壁画：252.

---

[1] 〔元〕武汉臣. 散家财天赐老生儿杂剧[G]//〔明〕臧懋循，编校. 元曲选：丙集上. 明万历刊本.

[2] 〔清〕刘于义. 陕西通志，卷70[M]. 1735（雍正十三年）.

[3] 〔汉〕袁康. 越绝书，卷1//景印文渊阁四库全书.

[4] 同期图像中，赵娥的形象一般为手持剑或刀，抑或持刃提头；寡妇拾麦典故见《诗·小雅·大田》："彼有遗秉，此有滞穗，伊寡妇之利。"

如前所述，水陆法会召请神鬼、供养斋食的目的在于超度亡灵、为众生祈福。根据《仪文》记载，法会至少需要召请6组神鬼，相关仪轨颇为繁复，且普遍后附真言。在隆重的水陆法会中，有形的神鬼图像有助于连缀起诸多无形的仪式，共同完成一场三昼夜至七日的佛教盛事[1]。因此，欲讨论水陆画中的神鬼组织，首先需要明确其在法会中的召请顺序。

水陆法会的准备工作包括关铃取杵及加持戒刀、净水诸仪。其后依次召请宾头卢圣僧、本郡城隍真宰、当境风伯雨师、伽蓝土地、五道大神、监斋使者。紧接着还有圣前开启仪、悬挂信幡仪，以及召请土地使者发牒、召请五方五帝开路诸仪。诸事完毕，加持黄道仪后，即开始召请第1组正位神。其后赞礼三宝、加持黄道仪，并召请第2组天仙，由天藏王菩萨导引。接下来召请第3组下界神，分五岳河海及阿修罗众两类。前者由持地菩萨导引，后者由大威德菩萨导引。随后加持传灯显密供养，供养以上召请之"十方三世一切诸佛、五教三乘大法藏、法界罗汉贤圣僧、天仙诸圣神祇众"，其目的为"先亡人道生天界、天阿修罗罪消灭、地狱道中罪消灭、饿鬼道中罪消灭、傍生冤债罪消灭、法界父母罪消灭、方位神祇降吉祥"。

供养仪式后为五方戒坛仪，其后依次加持天轮灯坛、地轮灯坛、天地二轮、乳海、八卦坛、望乡台、枉死城、铁树爱河、金桥、灭恶趣息苦轮，并破有相无间地狱。接下来加持黑道仪，并召请第4组冥殿十王等，由地藏王菩萨导引。其后召请身陷地狱、作为一般超度对象的[2]第5组往古人伦和第6组孤魂，分别由引路王菩萨，以及面然鬼王、阿难尊者导引。召请孤魂仪后附根据《焰口施食仪》修订的判斛仪文（含叙教谦敬、召罪忏悔、无碍山前不二供养、无主孤魂受食、再叙功能）和施戒开位（含忏悔宿业、发菩提心、孤魂受戒）。随后依次为加持无碍钱山、加持莲池、斋前供佛、灵前咒食、孤魂家亲咒食诸仪。通过仪文内容可知，破有相无间地狱等仪乃针对往古人伦，孤魂家亲咒食等仪乃针对无主孤魂。法会结尾，另有奉送神鬼的奉送圣凡满散仪，以及过半夜焚化钱纸饮食仪。

2. 水陆法会召请的神鬼

（1）四圣之属

如将水陆法会召请的6组神鬼加以细分，则第1组正位神在《仪文·杂文》内亦称上圣。其主体属十方法界之四圣范畴[3]，即佛、菩萨、缘觉、声闻，部分受到密教影响（表2-3）。正位神可以细分为6类。其一诸佛，以法报化三身佛为重点，即毗卢佛、卢舍那佛、释迦佛（图2-4）。其二菩萨，基于《八大菩萨曼荼罗经》之八大菩萨，但将弥勒转为大势至，诸尊的排列方式亦与密教有别。其三明王，以十大明王为核心，分别为释迦佛、阿弥陀佛，以及八大菩萨的教令轮身，在定义和排列方式上仍与密教仪轨不尽相同。其四罗汉，基于十六罗汉。其五声闻，多属十大弟子。其六护法，以常侍于

---

[1]　《仪文·杂文》"法事"有"启建水陆大会三昼夜"一说；《仪文》"召请当境风伯雨师"有"敛云七日"之说。此外，元英宗至治三年（1323）曾"敕京师万安、庆寿、圣安、普庆四寺，扬子江金山寺，五台万圣佑国寺作水陆佛事七昼夜"，见〔明〕宋濂，等．元史，卷28//景印文渊阁四库全书．

[2]　此前另有"召请诸灵仪"，主要召请对象为举办法会者的眷属、宗亲等，由引路王菩萨导引。

[3]　四圣与《仪文·杂文》"礼请正位"之"十方法界三身诸佛、悲智菩萨、五果四向、大声闻僧"相呼应，《仪文·杂文》"大会"特将前两类概括为"法报化三身诸佛、八大菩萨"。

1

2

图2-4　水陆画中的三身佛（1青龙寺腰殿；2广胜上寺弥陀殿）

图片来源：1柴泽俊，编著. 山西寺观壁画：217.

诸佛左右的天龙八部和帝释梵王为代表。

表2-3　水陆法会召请的6组神鬼

神鬼类型		具体名目
1正位神	诸佛	毗卢佛；卢舍那佛；释迦佛；弥勒佛；药师佛；阿弥陀佛/十方三世一切诸佛
	菩萨	观音；文殊；普贤；大势至；虚空藏；金刚手；除盖障；地藏/诸大菩萨
	明王	焰鬘德迦；大笑；无能胜；步掷；马首；大力；甘露军吒利；不动尊；降三世；大轮/十大明王
	罗汉	跋罗堕阇；伽伐蹉；诺迦跋哩陀；苏频陀；诺炬罗；跋陀罗；迦力迦；佛陀罗；戍博迦；伴诺迦；罗怙罗；那迦犀那；因迦陀；伐那波斯；阿氏多；住荼畔吒迦/大阿罗汉等
	声闻	舍利弗等；大迦叶等；目犍连等；㤭陈如等
	护法	天龙八部、帝释梵王等一切护法神祇

续表

神鬼类型			具体名目
2 天 仙	二十八天		无色界四空天众；大梵天等众；色界四禅天众；欲界上四天众；帝释天众；四王天众
	紫微垣诸仙		太乙游空天众；五方五帝等众
	十一曜		日曜；月曜；金木水火土星真君；罗睺、计都、紫气、月孛真君
	十二宫神		宝瓶、摩羯、人马、天蝎、天秤、双女、狮子、巨蟹、阴阳、金牛、白羊、双鱼等众
	十二元辰		子、丑、寅、卯、辰、巳、午、未、申、酉、戌、亥等众
	二十八宿		角亢氐房心尾箕、斗牛女虚危室壁、奎娄胃昴毕觜参、井鬼柳星张翼轸等众
	其他天仙		北斗七元星君等众；天地水三元圣众；北极四圣真君等众；四大持符使者/周天宿曜
3 下 界 神	五 岳 河 海	地祇	后土圣母；东岳天齐仁圣帝；南岳司天昭圣帝；西岳金天顺圣帝；北岳安天元圣帝；中岳中天崇圣帝
		水府	东方、南方龙王；西方、北方龙王；安济龙王、顺济夫人；江河淮济、五湖百川龙神；伽蓝神、护国神；主风雨电雷神；主苗稼神；三元水府神；太岁大杀博士月游神、太阴大将军黄幡白虎蚕官五鬼、金神飞廉豹尾上朔日畜、阴官奏书归忌九坎伏兵力士、吊客丧门大耗小耗住宅龙神/诸大龙神
	阿修罗众		大力阿修罗王等；旷野大将、般支迦大将、矩畔拏大将等；大力鬼神、诃利帝母、大罗刹女等
4 冥 府 神 鬼	冥殿十王		秦广大王；初江大王；宋帝大王；五官大王；阎罗大王；变成大王；泰山大王；平等大王；都市大王；转轮大王
	其他冥府神		监斋使者、五道大神、十八典狱王、百万牛头、三司六案等；泰山府君；迦延等神；恒加禁（恒伽嗫）等四九诸王；大恶毒等四八诸王/一切主执神祇等
	三恶道众生		地狱道；饿鬼道；傍生道（傍生即畜生）
5往古人伦			圣德明君众；后妃宫院夫人众；协赞臣僚众；为国亡躯力士众；僧尼众；道士、女冠众；儒流贤士众；孝子顺孙众；贤妇烈女众；老幼衰残众/法界人伦众
6孤魂			久病缠身；军阵横亡；城破横死；自刑自缢；车碾马踏；堕胎落孕；河漂水漠；兽咬虫伤；牢狱囚亡；客死他乡/投崖落涧；溺水沉江；中毒身亡；严寒大暑；身殂道路；岩摧树折；屋倒身亡；赴刑都市；大腹臭毛；针咽炬口；河沙饿鬼；魑魅魍魉；三恶道中一切受苦有情众

（2）六凡之属

第2组至第6组主体属十方法界之六凡范畴，即六道四生，涵盖三善道之天、人、阿修罗，以及三恶道之地狱、饿鬼、畜生，部分分类略有重叠。第2组天仙主要包括二十八天和周天宿曜。二十八天含欲界六天、色界十八天、无色界四天，属八部众范畴。《仪文·杂文》"请天仙"有"始因三种善业，遂分二十八天"之说，同时指出其"未离三界，宁免五衰"[1]。周天宿曜多为道教所通奉，如十一曜、十二元辰、北极四圣等均见于永乐宫壁画。其中十一曜之称在毗卢寺、昭化寺水陆画中分别

---

[1]　即天人将死时，所现五种衰相，有大小五相之说："然诸天子将命终时，先有五种小衰相现：一者衣服严具出非爱声；二者自身光明忽然昧劣；三者于沐浴位水渧着身；四者本性器驰今滞一境；五者眼本凝寂今数瞬动。此五相现非定当死。复有五种大衰相现：一者衣染埃尘；二者花鬘萎悴；三者两腋汗出；四者臭气入身；五者不乐本座。此五相现必定当死"，见〔唐〕释玄奘，译. 阿毗达摩俱舍论//大正新修大藏经：第29册：56.

为"十一大曜等众",以及更具道教色彩的"上清十一耀星君等众"。

第3组下界神可以细分为地祇、水府、阿修罗3类。其中龙众、夜叉、阿修罗、四天王所领鬼众,以及《仪文》所提"紧那罗之歌神、乾达婆之乐圣"均属八部众范畴。后土、五岳、城隍、土地等为道教所共尊。水府涵盖面颇广,其中四海四渎、五湖百川、风雨雷电、三元水府及《仪文》提到的屈原、湘夫人等亦属道教;各类神煞则同星历、堪舆密切相关。第4组冥府神鬼中的十王判官、五道将军、各类鬼卒等,均广泛流行于佛教、道教和民间信仰中。

第5组往古人伦所含帝王将相、三教九流既无经籍限定,又多属源远流长的儒家体系,故而所涉人物也最为丰富。如《仪文》述及楚汉垓下之战、三国赤壁之战;乐毅、白起、苏秦、韩信、李陵、刘备等人物的相关典故,以及历史上著名的狂象、火牛之阵。另有"周公、孔子之儒;伯夷、叔齐之士"[1]。第6组除各类无主孤魂外,还再次提到了作为"楚魂"和"秦鬼"的屈原和荆轲。值得注意的是,第5、6两组与道教黄箓斋召请的拔济对象颇为相近,从帝王将相到九流百家,乃至苦死生灵、魑魅魍魉等均有对应关系,由此也反映出两类大斋的交互作用。

(3)早期传承

佛教对天神、地祇、冥神等道教神的吸纳在唐密体系中已屡见不鲜[2]。除前述胎藏界曼荼罗外,典型者如设立多闻天王曼荼罗结界时的仪轨:"先念摩诃毗卢遮那佛一百遍……仰启尽虚空遍法界一切诸佛菩萨、金刚密迹力士、一切诸善神王;天神王、地神王、山林河海、日月五星、二十八宿;阎罗法王、五道将军、太山府君、司命司录;怨家债主、冥官业道、行病鬼王、毗首羯摩天子;五方药叉大将、三天童子、七星七宿、日月天子;难陀、跋难陀、和修吉等诸大龙王皆悉证知……又别请五方龙王、四大天王、二十八部诸鬼神,又别请五方药叉众……"[3]

在唐僖宗光启年间(885~888),张南本绘于宝历寺的一堂水陆画包括"天神地祇、三官五帝、雷公电母、岳渎神仙、自古帝王、蜀中诸庙,一百二十余帧"[4]。北宋宗赜《水陆缘起》中,神鬼之序已与上述6组较为相近,此类神鬼亦呈现出鲜明的综合性特征:"上则供养法界诸佛、诸位菩萨、缘觉声闻、明王八部、婆罗门仙;次则供养梵王帝释、二十八天、尽空宿曜、一切尊神;下则供养五岳河海、大地龙神、往古人伦、阿修罗众、冥官眷属、地狱众生、幽魂滞魄、无主无依、诸鬼神众、法界旁生。"[5]

根据《施食通览》记载,北宋杨锷水陆所召神鬼含上下堂各八位,同样以四圣六凡相分[6]。上堂八位圣众包括佛陀耶众、达摩耶众、僧伽耶众、大菩萨众、大辟支佛众、大阿罗汉众、五通神仙众、护法天龙众;下堂八位圣凡包括官僚吏从众、三界诸天众、阿修罗道众、人道众、饿鬼道众、畜生道众、地狱道众、六道外者众。苏轼"水陆法像赞"所涉上下堂八位与之趋同,仅次序略有更动。上堂

---

[1] 召请部分还增加了狄仁杰、张良、屈原、荆轲;姜尚、韩信、卫青、霍去病;孙敬、苏秦、匡衡、东方朔、曹植、孙康、车胤诸典。《仪文·杂文》"大会"提及周公、孔子、言偃、卜商;曹植、东方朔;孙武、吴起、韩信、白起;廉颇、乐毅、周最、田忌。《仪文·杂文》"枉死城"又增加了二桃杀三士之典。

[2] 萧登福. 道教与密宗[M]. 台北:新文丰出版公司,1993:511-535.

[3] 〔唐〕释般若斫羯啰,译. 摩诃吠室啰末那野提婆喝啰阇陀罗尼仪轨//大正新修大藏经:第21册:219-220.

[4] 〔宋〕黄休复. 益州名画录,卷上//景印文渊阁四库全书.

[5] 〔宋〕释宗晓,编. 施食通览//卍续藏经:第101册:441-443.

[6] "盖超三界之外已入圣地者,上八位该焉。走三界之内未出苦轮者,下八位备焉",见〔宋〕释宗晓,编. 施食通览//卍续藏经:第101册:443-450.

八位包括第一佛陀耶众、第二达摩耶众、第三僧伽耶众、第四大菩萨众、第五大辟支佛众、第六大阿罗汉众、第七五通神仙众、第八护法天龙众；下堂八位包括第一官僚吏从众、第二三界诸天众、第三阿修罗王众、第四人道众、第五地狱道众、第六饿鬼道众、第七旁生道众、第八六道外者众。

3.《图像》与"水陆牌像"

（1）整体布局

如前所述，永安寺壁画与《图像》同源，并与《仪文》相互匹配。因此，在系统分析壁画的整体构成之前，尚需理清《图像》与《仪文》之间的关系。完整的《图像》体系分为左、右两列，每列76幅（左/右1～76），共152幅（现存131幅），其布局和内容同水陆法会召请的6组神鬼形成了明确的对应关系（表2-4）。第1组正位神为《仪文·坛图式》"水陆牌像"的补充。第2至6组六凡则在"水陆牌像"左、右六十位（L/R1～60）基础上增加了6尊导引菩萨（图2-5）。

总体看来，《图像》的排列方式主要受到两方面影响。其一为神鬼的等级。《仪文·杂文》"禁荤辛等"对此有详细说明："上请十方法界真净三宝、三身四智、十地三贤……密迹金刚、明王等众"，"中请天仙地祇、水府贤圣"，"下召幽冥界主地藏十王、六曹判官、百司主执、一切卒吏诸班等众"。实际上，有关天曹和地府的等级关系，在唐《冥报记》内已有阐释[1]。其二则为昭穆之序的作用。

在上述两种因素的交互影响下，《图像》中的两列神鬼整体从横向分为四层，依等级自上而下，按左昭右穆之序排列。第1组上位之正位神相对独立；其余6组依次为第2组中位之天仙、第3组中位之下界五岳河海、第3组中位之下界阿修罗众、第4组下位之冥府神鬼，以及作为一般超度对象的第5组人伦和第6组孤魂[2]。

图2-5　"水陆牌像"所载神鬼布局
图片来源：普林斯顿大学藏。

---

[1]　"天帝总统六道，是谓天曹。阎罗王者如人天子，太山府君（如）尚书令，录五道神如诸尚书。若我辈国如大州郡，每人间事道上章请福。天曹受之，下阎罗王云，某月日得某甲诉云云，宜尽理勿令枉滥。阎罗敬受而奉行之，如人之奉诏也"。见〔唐〕唐临.冥报记//大正新修大藏经：第51册：793.

[2]　目前第1组缺左1～5、右1、右3、右5～11；第2组缺左15、左51；第3组缺右14、右15；第4组缺右44、右50；第5组缺左69。相关学者对此已进行过简要分析，但个别结论与笔者有别，见藏晓云.佛教水陆画研究：147-152.

表2-4　《图像》与《仪文·坛图式》之"水陆牌像"神鬼内容比较

	《图像》	水陆牌像	神鬼内容			《图像》	水陆牌像	神鬼内容	
上位	右1~2	无	十方佛	1正位	上位	左1~10	无	十大明王	1正位
	右3~10		八大菩萨						
	右11		罗汉			左11		罗汉	
	右12		护法善神			左12		护法善神	
	右13		密迹金刚			左13		密迹金刚	
中位	右14	无	持地菩萨	3下界	中位	左14	无	天藏王菩萨	2天仙
	右15~27	R1~R13	五岳河海			左15~52	L1~L38	天仙	
	右28	无	虚空藏菩萨						
	右29~40	R14~R25	五岳河海						
下位	右41	无	地藏王菩萨	4冥府		左53	无	大威德菩萨	3下界
	右42~60	R26~R44	冥府神鬼		中位	左54~61	L39~L46	阿修罗众	
超度对象	右61	R45	面然鬼王	6孤魂	超度对象	左62	无	引路王菩萨	5人伦
	右62	R46	主病鬼王			左63~76	L47~L60	往古人伦	
	右63~76	R47~R60	孤魂						

（2）分组排列

《图像》中居于上位的第1组正位神共含26幅，均位列上层（左/右1~13）。前20幅中，右列10幅佛、菩萨同左列10幅明王相对布置。右1~2虽缺一幅，但根据右2所绘5佛判断，两图应合为十方佛，同《仪文》之"十方三世一切诸佛"相呼应。右3~10仅剩一幅，但依现存右4大势至菩萨[1]，以及此系列神祇在《仪文》和《图像》中的秩序推测，当为八大菩萨。左1~10虽仅存一半，但按内容判断应为十大明王。四圣始于右侧的设置与常见做法有别，显得较为特殊。然而根据《图像》左昭右穆的整体组织、四圣六凡相对独立的关系，以及六凡始于左侧的设置来看，此处的调整可能出于对六凡的适应。四圣对六凡的适应本身，也进一步说明《图像》乃由仅列六凡的"水陆牌像"增补而来。

第1组后6幅分为3类，均两两相对布置。左/右11现存一幅，根据左11所绘8尊罗汉判断，两图应合为十六罗汉。同时，此幅之降龙罗汉亦多与伏虎罗汉相匹配。左/右12、左/右13分别为两尊护法善神和4尊密迹金刚，同《仪文·杂文》"大会"正位神结尾之"金刚密迹、护法善神"形成呼应。两尊护法

---

[1]　呼延胜. 陕北土地上的水陆画艺术: 9.

图2-6　水陆画中的护法善神比较（1《图像》；2毗卢寺壁画）

图片来源：2康殿峰. 毗卢寺壁画：211.

善神中，执杵者往往绘作韦驮。如毗卢寺明嘉靖壁画内，此二尊即被称为"韦驮尊天森杀竭帝"（图2-6）。其中韦驮执杵，森杀竭帝可能译自梵文护法神（saṃvaragati）。上述罗汉和护法均面向中央，显然适于绘在后壁。

《图像》其余6组神鬼自上而下按昭穆之序排列，依次为位列中、下两层的第2至4组，以及处于底层的第5、6两组。第2组天仙居于左列，共39幅（左14～52）。除起始位置作为导引的天藏王菩萨外，同"水陆牌像"L1～38一一对应。第3组下界神之五岳河海转至右列，共27幅（右14～40）。除起始及中部的持地菩萨和虚空藏菩萨外，与"水陆牌像"R1～25相对应。第3组下界神之阿修罗众回归左列，共9幅（左53～61）。除起始之大威德菩萨外，与"水陆牌像"L39～L46对应。第4组冥府神鬼转至右列，共20幅（右41～60）。除起始之地藏王菩萨外，与"水陆牌像"R26～R44对应。此组除神鬼之外，又增加了各类地狱。

底层作为超度对象的第5、6两组中，第5组往古人伦居于左列，共15幅（左62～76）。除起始之引路王菩萨外，与"水陆牌像"L47～L60对应。第6组孤魂转至右列，共16幅（右61～76），与"水陆牌像"R45～R60一一对应。此组起始除面然鬼王之外，另增主病鬼王一幅，由此使两组超度对象横向对称，均始于左/右63（L/R47）。

（3）**身份调整**

《仪文·坛图式》之"水陆牌像"及《图像》中各组神鬼画幅的数量显然为适应整体布局而对《仪文》文本进行了一系列调整，上述各类地狱和主病鬼王的增加即可见一斑。与《仪文》相比，《图像》中面然鬼王和虚空藏菩萨在导引者身份上的设置同样值得关注。

首先，面然鬼王不再作为导引者出现。依《仪文》所述，水陆法会召请的6组神鬼共含6名导引者，其中面然鬼王作为孤魂的导引者而与其他5尊菩萨并列。仅列六凡、未含导引菩萨的"水陆牌像"则将面然鬼王纳入其中。其原因可能在于面然鬼王身份特殊，虽为观音菩萨所化现，却以鬼众的形象示现。故而此处的面然鬼王显然未被视为导引者。同时，《图像》六凡在"水陆牌像"左/右60位神鬼的基础上，增加了《仪文》指明的5尊导引菩萨和虚空藏菩萨。由此可见，虚空藏当作为导引菩萨而引入。随着6尊导引菩萨的增加，《图像》左右两列形成均衡，各含3名导引者，再将面然鬼王作为导引者的可能性较低。更加合理的解释是，《图像》乃以引路王菩萨作为人伦和孤魂，即超度对象的共同导引者。

其次，《图像》中的虚空藏菩萨被定义为下界五岳河海诸神的导引者。虚空藏菩萨亦称虚空孕，意为空慧之库藏，犹如虚空。此菩萨通常与炽盛光佛匹配，同天仙的关系更为密切。《仪文》"迎请天仙仪"明确指出，周天宿曜为"虚空藏之所统"，"炽盛光之所降"。唐《宿曜仪轨》已有："若人欲求福智，当归依此菩萨。日月星皆虚空藏所变也。"[1]炽盛光佛则多被视为十一曜的统帅[2]。由上述分析看来，虚空藏菩萨的引入似乎不甚合理。然而细审第3组下界神就会发现，虚空藏导引的神祇较为特殊。此组12幅图像中，半数均与天神相关：1幅包括主掌风雨雷电诸神，5幅包含与星历有关的神煞。其中黄幡、豹尾（R21、R22）正是十一曜中的罗睺、计都（L19、L20）。同时，黄幡、豹尾与罗睺、计都的位置在左右两列亦大致相对。由此可见，《图像》设置时应当对此进行了充分的考虑。

（三）整体布局及分类组织

1. 基于水陆法会的布局

（1）水陆法会体系整体组织

永安寺传法正宗殿现存壁画共135幅，均属水陆画范畴。殿内以水陆法会召请的6组神鬼为基础，将造像、壁画和彩画结合起来，共同构建了具有综合性的复杂体系。总体看来，第1组正位神（上圣）包括4类，分别以诸佛、菩萨、十大明王和护法善神为核心。现存壁画中，十大明王共10幅，绘于北壁当心间两侧，其内容和所处位置在同类壁画中均较常见（图Z1）。其余3类虽已无存，但参考相关旧照、文献[3]和图像，仍能推测出其完整布局。此外，当心间天宫楼阁周边另绘十方佛画像，从空间布局上强调了诸佛的重要地位。第2至6组六凡目前保存完整，共125幅，分别绘于东、西、南三壁（图2-7、图Z2、图Z3）。与北壁所绘巨幅明王相比，其重要性明显降低（见图1-6）。

（2）水陆法会体系缺失部分

在第1组业已缺失的3类正位神中，原塑三身佛造像与水陆法会召请的"法报化三身诸佛"相对

---

[1] 〔唐〕释一行. 宿曜仪轨//大正新修大藏经：第21册：422.

[2] 洪洞广胜下寺大雄宝殿元代壁画《炽盛光佛佛会图》中，即含十一曜星神，见孟嗣徽. 元代晋南寺观壁画群研究：88-94.

[3] "金柱间砌扇面墙，墙前砌大砖台，上置须弥座三，上塑三坐佛，小砖台二，上塑阿难、迦叶。大砖台外侧，东西又各斜排三砖台，上塑四菩萨和二天王"；"当心间扇面墙的正面，画菩萨，两侧各有二侍者，上部角隅画二飞天"；"扇面墙后，中间画观音和二侍者"；"须弥座上的三坐佛"；"佛侧的阿难、迦叶和菩萨"，见宿白. 浑源古建筑调查简报//雁北文物勘查团报告：101-106. "塑像背后，约7公尺见方，画一大观音，旁有善才、龙女"，见俞剑华. 中国壁画：146. "扇面墙正面画菩萨像，两侧有二侍者像，上隔有两尊飞天像。其间云气翻滚，笔力遒劲。扇面墙背面当心间画观世音菩萨和龙女、善财童子像"，见柴泽俊，编著. 山西寺观壁画[M]. 北京：文物出版社，1997：153.

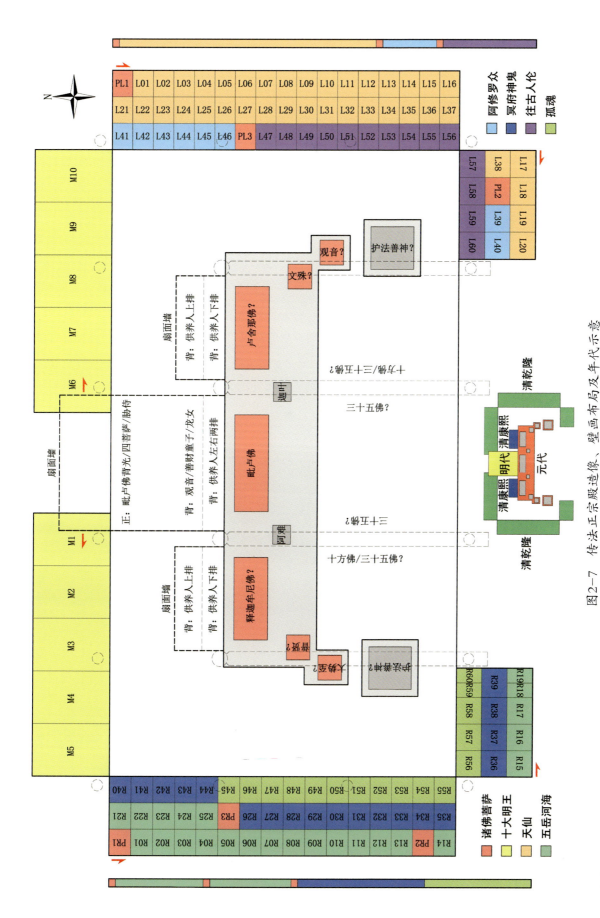

图2-7　传法正宗殿造像、壁画布局及年代示意

（佛台、基座位置参考《永安寺保护修缮》工程勘测成果补充，砖台位置根据《简报》描述推测；扇面墙布局根据宿白、俞剑华、柴泽俊后记载及内柱身挂身现存痕迹推测；两侧为《图像》两列六凡神鬼布局示意）

应。据《简报》所述，当心间及东西次间供有"三坐佛"。旧照1-2虽然仅含结最上菩提印的毗卢佛（见图1-5），但在同类壁画和造像中，毗卢佛与卢舍那佛、释迦佛的组合颇为常见。典型者包括青龙寺腰殿和广胜上寺弥陀殿壁画（见图2-4），以及广胜上寺毗卢殿造像（图2-8）。从永安寺毗卢佛旧照西侧造像亦可看出，主尊东西两侧应当分别为迦叶、阿难二弟子。在同期实物中，释迦佛与此二弟子的匹配更为常见。此处的变化，可能意在表达正位神中的声闻。青龙寺腰殿西壁的三身佛画像中，毗卢佛两侧亦有类似设置。

传法正宗殿原有造像和壁画共同表现的8尊菩萨，与水陆法会召请的"诸大菩萨"相对应。根据《简报》所载，殿内三佛外侧四砖台上有4菩萨造像。对照《永安寺保护修缮》工程佛台勘测成果推测，外侧四砖台原先应当分别设在凹字形佛台主体偏外侧，以及突出于主体之外的两个小方台之上（见图2-7）。通过相关实物和文献的对比分析，4菩萨可能为文殊、普贤、观音、大势至。在年代接近且绘有水陆画的广胜上寺中，毗卢殿内三身佛周边即为此4菩萨立像[1]。《仪文》扉页画中，此4尊菩萨同时出现[2]（图2-9）。寿阳普光寺正殿北壁，三佛两侧亦绘有4菩萨。在旧照1~2中，当心间扇面墙正面另有4菩萨画像。同时，东西次间扇面墙并无绘制菩萨的空间。因之，此4菩萨画像可能与4菩萨造像组成前述八大菩萨。然而在同类壁画和造像中，诸大菩萨并不完全等同于八大菩萨，其数量亦不一定为8。因此，4幅画像和4尊造像亦可能各自独立设置。因为旧照中菩萨的持物不甚清晰，此处暂不做进一步推测。

图2-8　广胜上寺毗卢殿三身佛及四菩萨全貌

---

[1] 根据广胜上寺毗卢殿中央毗卢佛宝冠所附文字中的"三圣"字样，及其两侧菩萨足下的狮、象二兽，可以确认前两菩萨为华严三圣中的文殊和普贤。后两菩萨与同样绘有水陆画的资寿寺水陆殿内造像相比，通过阿弥陀佛两胁侍菩萨宝冠、手势及足下之狻猊、麒麟（独角）二兽的相似性，可以推测其为观音和大势至。

[2] 参考版画内大势至菩萨的持物推测，观音、大势至；文殊、普贤4菩萨分别持杨枝、莲花；如意、经折，自主尊左侧起始，由近到远排布。《仪文》八大菩萨的召请顺序为观音、文殊、普贤、大势至……扉页画则将大势至列在观音之后。《图像》右列3-10八大菩萨的排列方式当与《仪文》扉页画相仿，因为其中右4（第2尊）即大势至菩萨。

图2-9　水陆画中的菩萨（1《仪文》扉页；2《图像》八大菩萨之大势至）

原塑于入口两侧的两尊造像可能为水陆法会召请的"护法善神"，《图像》同样包含此类善神（见图2-6，1）。据《简报》所述，砖台上有"二天王"塑像，《永安寺保护修缮》工程勘测成果亦表明佛台南向原有两个独立分布的方形基座。在旧照3～4中，入口西侧的护法造像即为其中之一。此类护法在明清相关壁画和造像中较为常见。如绘有水陆画的昭化寺大雄宝殿内，南壁两尊护法即东西相对布置，其形象亦与《图像》中的护法善神颇为相近。同样绘有水陆画的太谷净信寺正殿内，主尊为毗卢佛，入口两侧也立有两尊护法。类似配置亦见于山西盂县青石寺正殿。

2. 十大明王的排列方式

（1）《仪文》的记载

根据《仪文》所述，十大明王分别为释迦佛、阿弥陀佛，以及八大菩萨的教令轮身，其中八大明王与八大菩萨的对应关系同《大妙金刚大甘露军荼利焰鬘炽盛佛顶经》之说吻合（表2-5）。现有研究中，对诸尊身份的辨识仍然存在结论不完整，抑或阐释不详等问题；对其排列方式的整体考察亦不多见[1]。由于孤立的台座、持物本身难以构成充分的判断依据，且永安寺现存壁画几乎为《图像》的同源摹本，以下遂通过《仪文》、《图像》及同类实物的交叉对比，对十大明王的布局和特征进行整体分析。

[1]　廖旸对青龙寺、宝宁寺、毗卢寺、公主寺的十大明王进行过类比和简述，见廖旸. 甘肃永登感恩寺金刚殿栱眼壁画图像考释——兼论其空间布置及十忿怒尊与十大明王的区别[G]//何星亮，主编. 宗教信仰与民族文化：第1辑. 北京：社会科学文献出版社，2007：274-277. 因公主寺十大明王部分榜题漫漶，且名号未与《仪文》完全对应，故本文暂未分析。

表2-5 十大明王在《仪文》和相关图像中的秩序（标*号者为推测）

召请顺序	《仪文》			《图像》	宝宁寺	永安寺
	名号	本尊	方位			
一	焰鬘德迦明王	文殊菩萨	东北	左10	左1	M10
二	大笑明王	虚空藏菩萨	东南	左9	右1	M9
三	无能胜明王	地藏菩萨	南方	左8	左2	M8
四	步掷明王	普贤菩萨	西南	左7	右2	M7
五	马首明王	观世音菩萨	西方	左6	左3	M6
六	大力明王	释迦牟尼佛	西北	左1*	右3	M1
七	甘露军吒利明王	阿弥陀佛	北方	左2*	左4	M2
八	不动尊明王	除盖障菩萨	东方	左3*	右4	M3
九	降三世明王	金刚手菩萨	上方	左4*	左5	M4
十	大轮明王	弥勒菩萨	下方	左5*	右5	M5

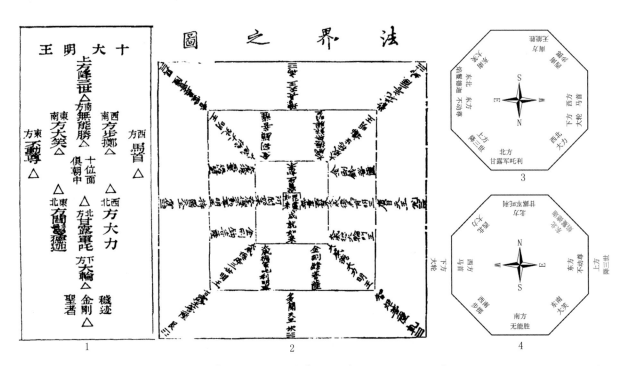

图2-10 十大明王方位比较（1《水陆仪轨会本》；2《仪文·坛图式》"法界之图"、3"法界之图"明王方位示意、4两明王调整后方位示意）

图片来源：1〔清〕仪润，汇刊．水陆仪轨会本，卷4[M]．1924（佛历2951年）重刻：109．

《仪文》奉请辞描述了十大明王的召请顺序、所处方位和主要特征（见表3-2）。在民国重刻《水陆仪轨会本》之"十大明王"图中，诸尊整体以南向为上，完全按照《仪文》所述空间方位组织（图2-10，1）。《仪文·坛图式》"法界之图"同样以南向为上，十大明王分布于五方佛周边（图2-10，2）。将其抽取出来，即可看出仅焰鬘德迦（《仪文》误为焰发德迦）和降三世明王出现了位置互换（图2-10，3）。如将二者复位，则两图布局基本统一[1]（图2-10，4）。以上述两图为参考，可以看出十大明王的召请顺序与空间方位密切相关，主体按顺时针方向排列、后附上下两尊，仅将东北艮位之焰鬘德迦提前。

（2）**两类布局分析**

现存十大明王图像的布局多以召请顺序为基础，大体分为相互关联的线状和环状两类。线状又可进一步分为纵列与横列两种。纵列方式以宝宁寺水陆卷轴画为典型（附表4）。诸尊按召请顺序纵向分为两列、横向分为5层，依次自上而下，按昭穆之序排列。横列方式以《图像》和永安寺壁画为典型，在同类壁画中较为常见（图M1~M10）。《图像》现存后5幅，悉数设在左列。永安寺壁画十大明王俱全，整体一分为二，横向排布于北壁东西次间及梢间。诸明王均置台座，顶部现本尊像，与《图像》相仿而未设榜题。

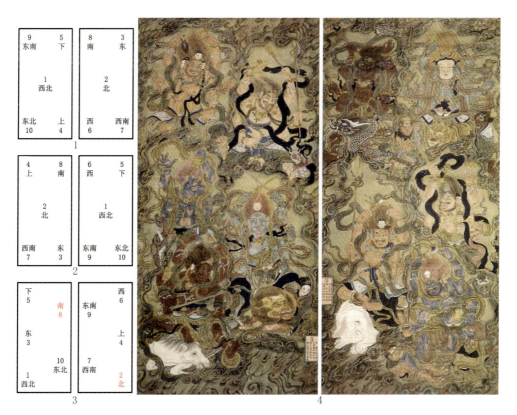

图2-11 环列组织的十大明王/编号依《图像》顺序

（1毗卢寺壁画；2民乐县博物馆藏卷轴画；3~4首都博物馆藏卷轴画）

图片来源：4北京市文物局，编. 北京文物精粹大系：佛造像卷 下：168-169.

---

[1]　"十大明王"图将南、北两向定义为上方和下方，应以常见正殿及其内主尊的朝向为参照。"法界之图"则将东、西两向定义为上方和下方，当以密教五方佛曼荼罗内，中尊毗卢佛的朝向为参照。

通过永安寺壁画十大明王与《图像》的比较可知，前者北壁东侧5尊明王自西向东与后者之左6~10一一对应。根据两组图像的共性可以推测，北壁西侧自东向西应与《图像》之左1~5相对应（见图2-7）。同时，《图像》左10明王旁卧狮子，其顶部本尊则为手持如意、旁伴狮子的文殊菩萨（见图M10）。由此可以确定，此尊即焰鬘德迦明王。结合《图像》、壁画与《仪文》的密切关联，并参考《仪文》所载诸尊特征，可以认为永安寺壁画中的十大明王乃依召请顺序，自东向西依次排列。第一尊焰鬘德迦为"五峰境主"；第二尊大笑"足蹑火轮之印"；第三尊无能胜现"六臂"；第四尊步掷乘象，为普贤标志；第五尊马首乘虎，《仪文》未详；第六尊大力"坐乘大力之牛"；第七尊甘露军吒利"现八臂之容"；第八尊不动尊手握长索、端部出焰，可能为"金绳"；后两尊无明显辨识依据。

上述推测如果成立，则根据焰鬘德迦在召请顺序中的第一位和《图像》（壁画）中的第10位来看，《图像》（壁画）在召请顺序基础上进行了编号的重组。其方法为从中央分开，以左1~左5（M1~M5）、左6~左10（M6~M10）与召请顺序之六~十、五~一相对应。这样的调整，显然突出了两佛化现的大力和甘露军吒利明王（M1、M2）。对绘于北壁两侧的永安寺明王而言，不仅与《图像》中四圣始于右侧的布局呼应（见表2-4），而且使起始之大力明王（M1）大体处在西北向、结尾之焰鬘德迦（M10）恰好位于东北向。编号重组后，当参礼者面对永安寺明王时，其序为M5-M4-M3-M2-M1；M6-M7-M8-M9-M10。现存同类壁画中，青龙寺腰殿南壁明王[1]相应为M5-M4-M3-M2-M1；M8-M7-M9-M10-M6，其中一侧与永安寺一致，另一侧略有更动[2]。重泰寺水陆殿北壁明王同永安寺大体相近，但灵活多变的细部使之更具民间特征。此外，浑源大云寺大雄宝殿因北壁旧有壁画，故将明王绘于南、东、西三壁。十大明王始于东南向、止于西南向，逆时针方向依次为M1-M2-M3-M4-M5-M7-M6-M8-M9-M10[3]，仅个别次序有所更动。

环状布局多将十大明王组织在两幅图像中，每幅中心1尊，四角各1尊。典型者包括毗卢寺毗卢殿北壁壁画、西来寺明万历卷轴画、民乐县博物馆藏清康熙卷轴画[4]、首都博物馆藏清代卷轴画[5]等。其组织方式与横向排列的《图像》和永安寺壁画亦有共通之处。首先，此类图像同样体现出对两佛（M1、M2）地位的强调。其次，明王的排布亦反映出对四正、四维、上下等关联性空间方位的考虑（图2-11）。此外，上述图像还通过明王的对应关系，强调了华严三圣中的文殊、普贤二菩萨（M10、M7）。

3. 六道四生的整体布局

六道四生即六凡，包括天仙、下界神（含五岳河海与阿修罗众）、冥府神鬼、往古人伦和孤魂，与《仪文》第2至6组神鬼相对应。传法正宗殿壁画中的六凡图像在"水陆牌像"基础上增加了导引菩萨，同样分为两大部分，排布于东西两壁，以及南壁东西梢间（附表1、图PL1-L60、图PR1-R60）。

---

[1]　青龙寺腰殿、毗卢寺毗卢殿、西来寺明万历卷轴画、民乐县博物馆藏清康熙卷轴画均设榜题。

[2]　其内容及布局已有学者提及，见姜帅. 现存元、明时代晋南寺院佛会图壁画研究[D]. 杭州：中国美术学院，2015：15.

[3]　此处根据永安寺壁画及《图像》推测，其中M5、M8两尊有所变化。

[4]　见民乐县文物局、民乐县博物馆，编. 民乐水陆画：53-54.

[5]　此幅虽无榜题，但属《图像》体系。其中大力乘马的形象在同类图像中较为常见，西来寺卷轴画即为一例。虽然2、8两明王互换更符合《图像》特征，但此处基于诸尊的整体布局进行了调整。

对比《图像》可知，永安寺壁画本应以左右六十位及导引菩萨6尊合为126幅，但西侧因画工疏忽而少绘1幅。由于左右六十位的分类源自"水陆牌像"且相对独立，下列编号遂以此为参考。永安寺各幅神鬼与《图像》相仿而设置榜题，其下部另增信士名录（附表2）。壁画与《图像》榜题文字的一致性，包括增字、减字、错字等，进一步显示出二者之间的联系[1]。信士名录中，"南岳司天昭圣帝"下部的"道人孙一亨"较为独特，即道士在佛寺内，参与完成了一幅佛道共尊的神灵画像。

永安寺壁画绘制过程中所采用的对画形式颇具特色，各幅壁画的组织方式则呈现出两队画工在分工前的整体协调与分工后的自主安排。就整体协调而言，大致包括以下4部分内容。首先，受进深尺寸所限，画工将相应壁面各分上中下三层，每层绘21幅。其次，两侧神鬼分别与明王承接。即东西两壁神鬼均自上层开始，由北向南排列，至南壁则由两端向中央聚拢。上层排满后，便折回北端。中、下两层均依此组织。再次，执幡者普遍居于队列前方，形成由南向北行进的视觉效果。幡内榜题和信士名录也有统一设置。最后，各壁图像色彩冷暖均衡，同金、元时期偏重冷色的做法差异显著。其底色上青下绿，背景纹饰则以红、黄暖色相衬。同时，各壁周边作为边框的子母线（即粗、细两道直线）及其样式亦大体一致。

画工的自主安排主要体现在3个方面。其一为各壁的图像数量。东侧画工在东壁和南壁东梢间内，每层分别安排17幅和4幅图像。三层数量统一，合计63幅。西侧画工原本拟在西壁和南壁西梢间内，每层安排16幅和5幅图像，三层数量统一。然而，中层与上层衔接时不慎漏绘一幅[2]（R20，见图2-7），导致此层在南壁只能减为4幅。东西两壁下层虽无错漏，但图像数量的差异仍使两组超度对象（始于L/R47）的对应关系略有偏差。其二为两侧的背景纹饰。《图像》两列神鬼的背景似云似火，永安寺东西两侧壁面则通过两队画工各自的理解，分别以火焰和云纹为背景。同时，西侧壁面在顶部天空中增加了整体性较强的带状流云，并在其下地面上散布了斑驳的点状绿草。其三为背景纹饰的色彩。东侧火焰在上下、左右图像间以红黄二色交替，与同期彩画做法相仿。这样的处理使相邻图像分隔明确，但衔接略显生硬。西侧同层云朵则以红黄与青绿相间，使相邻图像的衔接更为自然，但划分不甚清晰。

六凡图像的布局另有两点值得关注。第一点为永安寺本身的神系组织。传法正宗殿东西两侧整体排布的明王和六凡构成了对中轴线的强调。由南向北行进，且面朝上位神的六凡神鬼则与参礼者同向。在与参礼者大体等高的下层，作为超度对象的人伦和孤魂对称设置在扇面墙前部的参礼空间内，无形中将作为六凡之一的参礼者纳入到拔济与祝福的行列中。第二点源自"水陆牌像"编排中的内在逻辑。与五方相关的四大天王、五方五帝、二十八宿、五岳四海诸神均自东向起始。与八方相关的十二宫神和十二元辰则与十大明王中首先召请的焰鬘德迦一致，均始于冬春交界、万物终始的"艮地"（即东北向，详见下文）。

---

[1]　如《图像》L28将"星君"误写为"真星"，壁画则完整保留了此处笔误。

[2]　此问题已有学者提及，见刘栋. 山西现存佛教水陆壁画调查与研究：116.

四圣六凡图像研究

三 正位神、天仙、下界神及其特征

（一）多重元素构成的系列正位神

1. 旧照中的诸佛与菩萨

表3-1 《仪文》对三身佛和八大菩萨的描述

名号		《仪文》"邀请正位"奉请辞
三身佛	毗卢遮那佛	真如法性，湛寂含空，洒甘露以清凉，拔群生之苦海；凝然一相，妙用多名，无余无欠逐情修，不灭不生随意现。
	卢舍那佛	千叶莲藏，世界微尘，开心地之法门，演无生之妙教；融通三界，该括万灵，同缘主伴散尘劳，共摄交参除盖障。
	释迦牟尼佛	了心得地，证道成家，闻猿叫以通真，见明星而悟道；心传两智，法证三空，双林树下演奇文，鹿野苑中谈妙教。
八大菩萨	观音菩萨	兜罗云里，红翟光中，呈翡翠璎珞严身，现花鬘绮罗卐像；随缘赴感，救苦寻声，慈悲坚固似钟峰，自在神通如水月。
	文殊菩萨	有缘大士，无位真人，行智辩于人间，施神通于海上；真心本净，觉性圆融，维摩室内号文殊，弥勒阁中称宝积。
	普贤菩萨	威神广大，行愿无穷，居圆照以明通，住盘桓而了悟；三身悉偹，二利周圆，如如不动遍尘方，寂寂真常融法界。
	大势至菩萨	眉分翠柳，目绀青莲，持法印以行缘，蹑芙蓉而显化；转依教海，摄受群生，还生陆地水漫漫，只解诸天云冉冉。
	虚空藏菩萨	全机应物，净智明心，通三界以该罗，遍十方而普满；勤修道业，定力翛然，六通起处越天真，万象泯时超实际。
	金刚手菩萨	转随之外，决定之中，凭六度以庄严，具四依而修证；情生智隔，相变体殊，从初不退证三摩，乃至进修超十地。
	除盖障菩萨	常持心地，永种福田，栽新荨以重生，断旧缘而不复；惠云普施，法雨遐沾，尘劳涤处有圆融，罪垢消时无染净。
	地藏菩萨	红光影里，瑞气丛中，示相好以端严，现巍峨而自在；顶圆僧相，体挂金栏，三途狱内布慈云，五趣波中呈篙棹。

传法正宗殿第1组正位神中，旧有法报化三身佛均以造像呈现。《仪文》奉请辞对三身佛的称谓分别为清净法身、圆满报身、三类化身，但未描述其具体形象（表3-1）。同期毗卢佛造像和画像则以

结最上菩提印、头戴宝冠者居多（见图2-8、图2-4，1）。参考旧照1~2可知，毗卢佛造像同样结最上菩提印，但未戴宝冠（见图1-5）。类似形象亦有迹可循，广胜上寺弥陀殿壁画即为一例（见图2-4，2）。佛像背光中特征鲜明的佛光纹（亦称网目纹）在辽金时期的大同地区已颇为流行（图3-1，1）。至清代，在善化寺大雄宝殿、华严寺大雄宝殿壁画，以及水陆卷轴画中仍有传承（图3-1，2）。

如前所述，传法正宗殿的诸大菩萨以造像和壁画共同呈现。《仪文》奉请辞对其中典型的八大菩萨进行了描述，指明其周身璎珞、背光具足、目现绀青、足踏莲台的整体形象，以及地藏菩萨特殊的"僧相"。参考《图像》中作为导引菩萨的虚空藏和地藏菩萨可以看出，后者显然敛去了宝冠和部分璎珞（见图PR2、图PR3）。同类图像中，地藏菩萨亦有身披袈裟（即"金栏"）的形象。八大菩萨的身份可以通过其持物加以辨识。常见者观音持杨枝、净瓶或净水碗；文殊持如意；普贤持经折或经卷；大势至持莲花（如大势至转为弥勒，则持羽扇）；虚空藏无持物；金刚手持金刚杵；除盖障持幢或莲花上宝珠；地藏持禅杖及宝珠。参考广胜上寺毗卢殿造像及《仪文》扉页画分析，永安寺4尊菩萨造像中，北向两尊可能为东西对称的文殊和普贤；南向两尊则可能为观音和大势至（见图2-7~2-9）。旧照3~4内，隐于后部的菩萨造像与同期菩萨形象大体相近，但持物未详（见图1-5）。旧照1~2中，分布于毗卢佛背光后部、圆光两侧的4尊菩萨画像尚难辨识，但三身佛周边匹配菩萨的做法在青龙寺腰殿西壁、广胜上寺弥陀殿扇面墙均可见到。同时，永安寺菩萨头光与毗卢佛背光内佛光纹的匹配，同崇福寺弥陀殿金代壁画的处理亦有共通之处（见图3-1，1）。

正位神周边，原本以壁画和造像共同呈现的两类天女也具有一定的代表性。在旧照1~2中，毗卢佛头光两侧、4菩萨上方角隅绘有乘云而行的天女两尊。二者由两侧向中央飞动，同相对而立的菩萨配合，刻意突出了中央的主尊。与此同时，亦使画面显得更加充实。类似做法从晚唐至辽金均可见到，上述崇福寺弥陀殿金代壁画即为一例。至明代，尚见于北京法海寺大雄宝殿壁画、广胜寺毗卢殿壁画

1　　　　　　　　　　　　　　　　2

图3-1　佛像背光中的佛光纹（1[金]崇福寺弥陀殿壁画；2[清]首都博物馆藏水陆卷轴画）
图片来源：1柴泽俊，编著. 山西寺观壁画：186；2北京市文物局，编. 北京文物精粹大系：佛造像卷下：140.

等。此外，"当心间五椽栿下"，另有"悬空向佛作礼拜状的二个天女"[1]造像。参考旧照3～4推测，其位置当在护法善神与三身佛之间。类似设置亦见于山西盂县青石寺正殿的清代造像。

2. 北壁的十大明王/M1～M10

1　　　　　　　　　　　　　2

图3-2　同类明王图像比较（1青龙寺焰鬘德迦明王；2宝宁寺步掷明王）

图片来源：1柴泽俊，编著. 山西寺观壁画：220；2山西博物院，编. 宝宁寺明代水陆画：22.

表3-2　《仪文》对十大明王的描述

编号	名号	本尊	《仪文》"邀请正位"奉请辞
M1	大力明王	释迦牟尼佛	莲乘七步，树下六年；坐乘大力之牛，手结威灵之印。
M2	甘露军吒利明王	阿弥陀佛	常居净国，演妙法音；威神现八臂之容，端坐结三摩之印。
M3	不动尊明王	除盖障菩萨	慈悲不退，深念凡情；手持缚外金绳，称念摩诃般若。
M4	降三世明王	金刚手菩萨	降魔作首，忿怒为先；绍法眼于当来，助能仁之普化。
M5	大轮明王	弥勒菩萨	应机说法，当济群生；慈悲见住陀天，忿怒来临法会。

---

[1] 见宿白. 浑源古建筑调查简报//雁北文物勘查团报告：106.

编号	名号	本尊	《仪文》"邀请正位"奉请辞
M6	马首明王	观世音菩萨	悲增大士，当绍弥陀；身如大力修罗，现相魔冤莫近。
M7	步掷明王	普贤菩萨	善财出语，理契相投；端严而见住峨嵋，忿怒而来临法会。
M8	无能胜明王	地藏菩萨	冥涂展化，深念凡情；六臂现于坛前，示迹威严异相。
M9	大笑明王	虚空藏菩萨	明空了性，证悟法音；常兴密迹之容，足蹂火轮之印。
M10	焰鬘德迦明王	文殊菩萨	五峰境主，四海庄严；慈悲而见住台山，忿怒而遍临法会。

永安寺十大明王皆以壁画形式呈现，在北壁东西两侧通过姿态和视线形成了对中轴线的强调。诸明王均设火焰背光，头侧圆光内各现本尊像。其下设台座，旁伴鬼卒。在同类水陆画中，明王身份不明，抑或与《仪文》记载有所出入者屡见不鲜，如青龙寺腰殿焰鬘德迦明王与宝宁寺步掷明王显然属于同类图像（图3-2）。与之相比，《图像》同《仪文》的关系更为密切，具有良好的自洽性，并相应体现在永安寺壁画中（表3-2）。如果说青龙寺等水陆画以艺术性和表现技法见长，永安寺壁画则更多地呈现出对水陆仪轨的恭谨尊奉。然而将永安寺壁画与《图像》对比亦可看出，前者部分本尊像的表达略显简单，明王持物的匹配也更趋自由。

M1大力为释迦牟尼佛化现，《仪文》奉请辞点出其本尊诞生与苦行的经历。永安寺此尊头部左侧圆光内应为释迦佛，此处则绘作菩萨侧面像。大力明王三面六臂，戴佛面，正面三目，呈忿怒相，左右二面呈寂静相。其胸前左手持弓、右手搭箭；左上手持杖、次作印；右上手持金刚杵，次持刀。明王身黑色，依《仪文》描述而乘牛。同类图像不甚统一，如西来寺大力乘马、宝宁寺与此尊造型类似者则以马首为榜题。

M2甘露军吒利亦称军荼利，其梵文含义即为盛放甘露之瓶。军吒利为阿弥陀佛化现，《仪文》奉请辞指出其本尊所居之西方极乐净土。永安寺此尊头部左侧圆光内应为阿弥陀佛，此处则绘作菩萨侧面像。军吒利明王三面八臂，正面三目，三面均呈忿怒相，八臂形象则与《仪文》记载相符。其胸前双手作印[1]；左上手持剑、次持钺、次按膝上；右上手持印、次持火轮、次持锤。明王身红色，乘麒麟。整体而言，永安寺军吒利明王与宝宁寺此尊形象较为相近。

M3不动尊为除盖障菩萨化现，永安寺此尊头部左侧圆光内为菩萨正面像。不动尊三面六臂，戴宝珠，正面三目，呈忿怒相，左右二面呈寂静相。其胸前双手作印、持珠，其中右手腕上挂剑；左上手持铃、次持火轮；右上手持出焰长索、次握象皮之鼻。剑与长索当对应于《大妙金刚经》之"以右手执剑，左手把索"[2]，后者或为《仪文》描述的"缚外金绳"。明王身青色，乘狮形兽。与其相比，宝宁寺不动尊并未持索。

M4降三世指降伏过去、现在、未来三世之贪瞋痴。降三世为金刚手菩萨化现，永安寺此尊头部

---

[1]　《仪文》中的三摩印即三昧耶印，出自相关密教仪轨："次结本尊三昧耶印……如三股金刚杵形"，见〔唐〕释不空，译. 甘露军茶利菩萨供养念诵成就仪轨//大正新修大藏经：第21册：48. 这一特征并未体现在壁画中。

[2]　〔唐〕释达磨栖那，译. 大妙金刚大甘露军拏利焰鬘炽盛佛顶经//大正新修大藏经：第19册：341.

左侧圆光内为此菩萨侧面像。降三世明王三面六臂，戴火珠，正面三目，呈忿怒相，左右二面呈寂静相。其胸前右手持剑，左手把右手腕上；左上手持斧，次作印；右上手持经卷，次持印。明王身黑色，乘龙而临法会。所乘之龙口部微合、膊旁火焰曲折。其整体形象和龙角、眉眼、须发等细部特征与当心间西侧四椽栿彩画方心龙纹具有显著的相似性，很可能为同一批画工的作品（图3-3，1）。宝宁寺与此尊造型类似者以焰发德迦（焰鬘德迦）为榜题，但未设台座。

　　M5大轮为弥勒菩萨化现，《仪文》奉请辞点出其本尊所居之兜率陀天，以及布袋和尚"应机说法"的典故。永安寺此尊头部左侧圆光内为菩萨侧面像。大轮明王三面六臂，戴佛面，正面三目，呈忿怒相，左右二面呈寂静相。其胸前双手作印；左上手持剑，次持石；右上手持金刚杵，次持珠。明王身红色，乘狮（狮之眼、口显紫色处原应为金色）。与永安寺大轮相比，宝宁寺此尊则乘马。

　　M6马首亦称马头大士、钵讷鬘得迦，意译为莲究竟[1]。马首为观世音菩萨化现，《仪文》奉请辞提及其本尊"大士"，及其与阿弥陀佛的关联。永安寺此尊头部右侧圆光内为菩萨正面像。马首明王三面八臂，正面呈寂静相，左右二面呈忿怒相。其胸前双手作印；左右上手持剑，次将忿怒面揭开而现寂静相，次持带柄火轮。明王身绿色，乘虎，与《仪文》综述中的"跨虎乘龙"呼应。其擘破面门的形象同传法正宗殿后檐墙乾隆四十五年（"上章困敦"/1780）所题"虎啸龙吟"四字结合，恐与以下颂辞相关："虎啸龙吟，风清雾黑；不辨东西，难分南北。大悲千手运神通，擘破面门犹不识。何不识，黯黯乾坤如泼墨"[2]。此颂辞可能出自宝志和尚"擘破面门，出十二面观音相"[3]之典，其人亦为水陆法会的重要促成人[4]。同《图像》相比，壁画中明王手印略有变化，其所持火轮原本无柄。

1

2

图3-3　传法正宗殿当心间西、东两侧四椽栿彩画方心龙纹比较

[1]　名号参考台北故宫博物院藏明莎南屹啰译《吉祥喜金刚集轮甘露泉》。
[2]　〔金〕释一辩，问，释觉，答. 青州百问//卍续藏经：第119册：350.
[3]　〔宋〕释志磐. 佛祖统纪//大正新修大藏经：第49册：348.
[4]　"梁天监初二月十五日夜，武帝梦一神僧告曰：'六道四生受大苦恼，何不为作水陆大斋而救拔之？'帝问沙门，咸无知者。唯志公劝帝，广寻经典，必有因缘"，见〔宋〕释宗晓，编. 施食通览//卍续藏经：第101册：442.

M7步掷为普贤菩萨化现，《仪文》点出善财童子五十三参最终遇其本尊的典故，以及普贤所居之峨眉山。永安寺此尊头部右侧圆光内为菩萨正面像。步掷明王三面六臂，戴骷髅冠，正面呈忿怒相，左面呈寂静相。其胸前双手作印，其中右手腕上挂剑；左上手持珠，次持经卷；右上手持铃，次持钺。明王身黑色，乘象。《图像》步掷本尊原为菩萨侧面像，明王亦未戴骷髅冠。宝宁寺步掷同样乘象，为普贤菩萨的标志性台座。

M8无能胜为地藏菩萨化现，《仪文》指出其本尊所处之"冥涂"。永安寺此尊头部右侧圆光内为菩萨正面像。无能胜明王三面六臂，戴佛面，正面三目，正面、右面呈忿怒相，左面呈寂静相，六臂形象与《仪文》记载相符。其胸前左手握锤，右手作印；左上手持葡萄，次持印；右上手持金刚杵，次置右腿旁鬼卒头顶。明王身红色，乘地藏菩萨之谛听。与宝宁寺此幅相比，永安寺谛听更近于狮。与《图像》相比，壁画无能胜则由侧面像改作正面像，并将原先所持如意转为锤。

M9大笑为虚空藏菩萨化现，永安寺此尊头部右侧圆光内为菩萨侧面像。大笑明王三面六臂，正面三目，正面、右面呈忿怒相，左面呈寂静相，且如《大妙金刚经》之说"口现大笑形，二牙上出"。其胸前左手握衣带，右手持剑；左上手持经卷，次握衣带；右上手持莲花，次置龙尾上。明王左足踏一火轮，与《仪文》"足蹑火轮之印"相符。其身青色，乘五爪龙。与《图像》相比，壁画本尊由原先的背离大笑改为面向明王，明王所乘之龙则首尾互换。其龙口大张、膊旁火焰柔和，整体形象和细部特征同《图像》及西侧降三世所乘之龙差异较大，但与当心间东侧四椽栿方心龙纹颇为相近（图3-3，2）。同永安寺相比，宝宁寺大笑未踏火轮、未现大笑形，所乘之龙的形象更具明代特征。

M10焰鬘德迦亦称大威德怖畏金刚，为文殊菩萨化现，《仪文》奉请辞描述了其本尊所居之五台山。永安寺此尊头部右侧圆光内为菩萨正面像，无明显身份标识。《图像》则为手持如意、旁伴狮子的文殊菩萨侧面像。永安寺焰鬘德迦明王三面八臂，戴骷髅冠，正面、左面呈忿怒相，右面呈寂静相。其胸前右手持金刚杵，左手把右手腕上；左上手持铃，次持戟，次仍持戟；右上手持铃，次持瓶，次持金刚杵。明王身红色，乘狮子，为文殊菩萨的标志性台座。与《图像》相比，壁画焰鬘德迦将右次手原持珠、锤转为瓶、杵，其左侧两手持戟的做法则不甚合理。此外，明王右膝旁人物的姿态也较为生硬。

（二）中轴线东侧壁画中的天仙

传法正宗殿第2组天仙以诸天、宿曜为主体，分布在东壁和南壁东梢间，以天藏王菩萨为导引（表3-3）。与《图像》相比，壁画中天仙的数量、持物、衣冠、性别均有一定程度的调整，部分表达人物特征的细节亦有所简化（附表3）。其特殊色彩的使用呈现出对相关仪轨的遵循，个别人物尚能对《图像》存在的问题有所修正。在服饰方面，则无论诸天抑或眷属、随侍，均竭力遍铺各类纹饰。

表3-3　《仪文》对天仙的描述

编号	名号	《仪文》"迎请天仙仪"奉请辞
PL1	天藏王菩萨	珠冠翡翠，璎珞花鬘；宝幢宝盖以随身，天乐天仙而从步。
L1	无色界四空天众	无色无相，变化现形；修习彼地之因，福寿自然之乐。
L2	色界四禅天众	舍念清净，号婆娑王；除灾患而获得那含，行圆满而方登萨埵。
L3	大梵天王	云雷宝殿，化乐天宫；金灯不照自然明，随处身光而晃耀。
L4	欲界上四天主并诸天众	神通化现，逐意随心；思食而百味充餐，想衣则六铢挂体。
L5	忉利帝释天主并诸天众	妙高峰畔，忉利为名；佐如来法驾当前，辅世尊云车从后。
L6~L9	四大天王众	护持禅悦，乃号毗沙；伏罗叉跪膝于阶前，摄鬼魅擎拳于足下。
L10	北极紫微大帝	未单独列出
L11	太一诸神	荣枯有准，兴变无穷；掌阳光寒暑之尊，握四维六合之首。
	五方五帝	一灵赞咏，万汇驱分；降洪休草木之间，临吉兆群萌之内。
L12	日光天子	循环世界，照耀乾坤；辉辉赫驭高飞，灿灿红光朗耀。
L13	月光天子	昏衢宝鉴，瞩夜金精；垂不二之光明，示平等之愿力。
L14~L18	金、木、水、火、土星真君	分符甲乙，位列庚辛；仗女宿而本宫相生，赖鸡星而傍神护助。
L19~L22	罗睺、计都、紫气、月孛星君	名当艮地，位主寅宫；兴万卉而当先，茂百林而为首。
L23~L24	十二宫神	星临八表，名镇四方；禀阳阴造化之殊形，现种类如然之异状。
L25~L26	十二元辰众	占求善恶，卜问权衡；依无明老死之仪，准虎兔龙蛇之相。
L27~L30	二十八宿	三光迭耀，六合分形；福星照而吉庆祥生，恶曜临而灾危顿起。
L31	北斗七元星君	群星拱伏，众曜咸臻；掌雄司巡历穹窿，握斗柄周游碧落。
L32	普天列曜一切星君	竖穷非想，傍及坤维；应周天示现之星辰，尽空界微尘之宿曜。
L33	天地水三官众	阴阳互润，地水相滋；统三才六合之中，摄四维八方之内。
L34	天蓬天猷翊圣玄武真君众	恒生众善，显五德而信义俱圆；永护群星，彰八彩而言词俊利。
L35~L37	天曹府君众、掌禄算判官、诸司判官	未单独列出
L38	年月日时四直使者	头缠红彩，足蹑云霞；腰挂霜刀，手擎符命。

PL1天藏王菩萨居于东壁首位。《仪文》奉请辞对此尊的描述同八大菩萨相仿，包括珠翠、璎珞、花鬘、仪仗等。永安寺此幅持幡天女后绘人物2名，分别为天藏王菩萨及其随侍，均周身遍布纹饰。菩萨大体再现了《仪文》之说，背光具足、璎珞严身，仅因画面空间有限而舍去了宝幢、宝盖。此尊双手交叠，着红色天衣，但足下未设莲台，跣足踏于地上，略显突兀。随侍身材矮小，手捧鲜花，对主尊构成了良好的衬托。《图像》此幅菩萨则足踏莲台，更为合宜。

1. 二十八天/L1～L9

天众属八部众范畴，其所居之处自上而下分为三界，共含二十八天，在永安寺壁画中分别以1、2、6幅图像表达（表3-4）。无色界诸天居于上界天，分四空处。此界虽然脱离物质、仅存心识，但《仪文》奉请辞灵活的将其"变化现形"而来。色界诸天同样居于上界天，分为四禅天。此界仍存物质，但已脱离淫、食二欲。欲界则分六欲天，其中上四天和下二天分属空居天和地居天，尚存淫、食二欲。此界图像数量众多，充分显示出其在水陆法会中的重要性。

L1无色界诸天乃由"无色无相"所"变化现形"。永安寺此幅持幡天女后绘诸天8名，分前后两排，男女各半。8名天人的设置可能分别以两人代表一类，合为四空处。图中男子均为王公形象，戴束发冠或梁冠；女子则为贵妇相，容貌周正、身着华服。部分人物转头回望，使画面更显生动。天众均手持笏板，周身布满纹饰，袍服分青、绿、红、黄诸色。同永安寺相比，宝宁寺、故城寺此幅诸天均无明显的性别划分。

L2色界诸天在《仪文》奉请辞中有"除灾患而获得那含"之说，由此在第四禅中划分出那含天[1]，并进一步形成5个分类。永安寺此幅持幡天女后绘诸天10名，分前中后三排，共2男8女。10名天人的设置可能同样以两人代表一类，合为5类。诸天多数手持笏板，仅前排最右侧一天改持叶形扇。天众衣冠变化较小，男性仅在梁冠和束发冠上有所区别，女性均戴镶嵌火珠的花冠。其袍服的纹饰、色彩则更加丰富。《图像》此幅诸天衣冠更为多样，有头巾、芙蓉冠等变化，并通过衣着、持物的差异进行官与民、在家与出家的划分。其中与壁画内持叶形扇者对应之天人原持羽扇、披袈裟，显然为出家人形象。

表3-4　三界二十八天的划分（部分称谓根据《仪文·坛图式》"天轮之图"调整）

三界		二十八天	
无色界	四空处	非非想处、无所有处、空无边处、识无边处	上界天
色界	四禅九天	色究竟天、善见天、善现天、无热天、无烦天、无想天、广果天、福生天、无云天	
	三禅三天	遍净天、无量净天、少净天	
	二禅三天	光音天、无量光天、少光天	
	初禅三天	大梵天、梵辅天、梵众天	
欲界	六欲天	他化自在天、化乐天、兜率天、夜摩天	空居天
		忉利天、四天王天	地居天

---

[1] "那含"之意译为不还。色界第四禅含九天，其中前五天即为五那含天或五净居天，为证不还果位之圣人所居，仅在阿罗汉果之下。此类圣人未来仅生于色界和无色界，不再降生欲界，故曰不还。

　　L3大梵天王名"尸弃"，为色界初禅天之主。将其从色界独立出来、专绘一幅，可能由于此尊亦作为护法出现在第1组正位神中，身份较为特殊。《仪文》奉请辞"随处身光而晃耀"之说在《妙法莲华经文句》内有详细解释："外国唤火为树提尸弃，此王本修火光定"[1]。永安寺此幅持幡天女后绘人物3名，分别为大梵天及随侍2名。大梵天为持笏板、顶戴梁冠的王公形象，根据《仪文》身光晃耀的描述而增设背光。其袍服用红色，可能亦在凸显周身的火光。两随侍身材矮小，其中1名捧果、1名空手。《图像》此幅中，空手随侍正抬手扶持梵天，动作更显合理。

　　L4欲界上四天奉请辞中，专门提到了其"思食""想衣"之欲。永安寺此幅持幡天女后绘人物10名，分前中后三排。其中诸天9名，分4男5女；前排尚含随侍1名。诸天普遍现王公、贵妇相，仅中排最右侧持灵芝者较为特殊。根据无色界和色界相关分类与诸天数量的关联性推测，此图应绘天人8名，各以两名体现出上四天的分类。壁画中9名天人的设置，显然与系列图像的内在逻辑不符。然而参考《图像》可知，此幅原绘人物11名，其中诸天刚好8名，且男女各4。诸天周边绘有矮小的随侍3名，其中1名恰持灵芝。由此可见，壁画中持灵芝的天人在《图像》内原为随侍，因画工未审其意而进行了更动，遂使此幅内涵的表达不似《图像》清晰。

1　　　　　　　　　　　　　　　　2

图3-4　天人持手炉形象比较（1法海寺大梵天；2公主寺大梵天）

图片来源：1王淑芳，编写. 中国寺观壁画经典丛书：法海寺壁画[M]. 石家庄：河北美术出版社，2007：20；2柴泽俊，编著. 山西寺观壁画：247.

---

[1]〔隋〕释智顗. 妙法莲华经文句//大正新修大藏经：第34册：24.

L5帝释天及其眷属居忉利天。《仪文》奉请辞明确指出其居处在须弥山顶"妙高峰畔","善法堂中"。帝释天名"释迦提桓因陀罗",为忉利天之主[1]。永安寺此幅持幡天女后绘人物9名,分前中后三排,包括帝释天及随侍2名、眷属6名。前排并立天人两名,其中左侧着黄袍者身材高大、位置突出,当为帝释天。此尊未设背光,且年岁稍长。右侧着红袍者略矮,当为其眷属。二天人均持莲花状手炉[2],身旁各立随侍1名,手捧鲜花及果品。与《图像》对比可知,此幅在图像传承中发生了系列变化。首先,《图像》构图较壁画紧凑,前排右侧当为帝释天。此尊处于画面中央,且在左侧眷属前方,其身份一目了然。其次,《图像》前排二天人同样持手炉,且正从随侍所捧香盘中拾取颗粒状的香丸。其整体形象与法海寺、公主寺壁画,以及宝宁寺卷轴画中的大梵天相仿(图3-4)。同时,亦与青龙寺壁画中的帝释天和毗卢寺壁画中的四御相近。由此可见,永安寺壁画绘制时,因为相关画工对行进时的焚香行为缺乏了解,所以未对香盘内的香丸加以表达。

L6~L9四大天王亦称护世四天王,居须弥山之腹,与大梵天、帝释天同属二十诸天。因四天王领八部鬼众,故《仪文》奉请辞有"伏罗叉""摄鬼魅"之说[3]。永安寺此系列持幡天女在前,四天王形体硕大,均设火焰背光。其袍服四色与四方之色对应,并与《元史·舆服》中,四天王旗色的记载相吻合[4]。四天王身旁各匹配随侍1名、眷属若干,普遍为常人形象。其中仅多闻天王部分眷属现女相,可能为其所领之罗刹女。具体而言,L6东方持国天王青面,袍服青色;眷属7名。持国天王通常

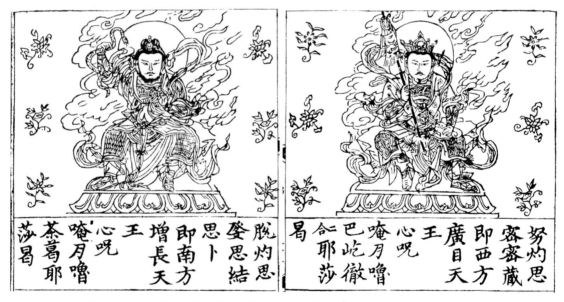

图3-5 《诸佛菩萨妙相名号经咒》载南方增长天王与西方广目天王
图片来源:1国家图书馆版. 诸佛菩萨妙相名号经咒[M]. 北京:中国藏学出版社,2011:84-85.

[1] 此处对帝释天名号的强调当与大梵天相仿,因为此尊同样作为护法出现在正位神中,《仪文》亦有"佐如来法驾"之说。同时,帝释天与大梵天皆属护法之二十诸天。
[2] 即行进时持于手中、用于烧香的长柄香炉。
[3] "东方天王名提头赖咤,此名治国主,领揵挞婆(乾闼婆)及毗舍阇二部鬼神,护弗婆提人不令侵害也。南方天王名毗留离,此名增长主,领鸠槃荼及薜荔多,护阎浮提人不令侵害也。西方天王名毗留博叉,此云杂语主,领一切龙及富单那,护瞿耶尼人不令侵害也。北方天王名毗沙门,此云多闻主,领夜叉及诸罗刹,护欎旦越人不令侵害也。故名护世四天王也",见〔隋〕释吉藏. 法华义疏//大正新修大藏经:第34册:464.
[4] 〔明〕宋濂,等. 元史,卷79//景印文渊阁四库全书.

持琵琶。此处天王双手作印，其琵琶抱于随侍手中，此随侍可能即为其所领之乐神乾闼婆。L7南方增长天王红面，袍服红色；眷属5名。增长天王通常仅持剑，此处转为蛇与塔。天王本身持蛇，与明宣德版画《诸佛菩萨妙相名号经咒》所绘南方天王相仿；其塔则托于随侍手中（图3-5）。L8西方广目天王白面，袍服白色；眷属7名。广目天王通常持珠及蛇，此处转为幢。天王双手作印，其幢举在随侍手中。广目天王持幢的形象另见于《诸佛菩萨妙相名号经咒》。L9北方多闻天王绿面，袍服黑色，眷属6名。多闻天王通常托塔并持幢，此处转为宝珠与戟。天王本身托宝珠，其戟握于随侍手中。《图像》中天王的持物与壁画略有差异，南方天王随侍握剑执铃，北方天王本身托塔。

2. 紫微垣与十一曜/L10～L22

紫微垣诸仙和十一曜为释道所共尊，在永安寺壁画中，分别以2幅和11幅图像表达。紫微垣内的3类天仙通常与帝王相关联。紫微大帝地位尊贵，《仪文》"迎请天仙仪"综述将其列在"诸位太乙星君"之前，并指明周天宿曜为"炽盛光之所降"。道教中的紫微大帝属辅佐三清的四御之一，被尊为众星之主，并被认为与炽盛光佛有对等关系。如《太上玄门早坛功课经·星主诰》称其"万星教主"，"佛号金轮炽盛，道称玉斗玄尊"[1]。太乙救苦天尊同样居于紫微垣内，《淮南子》记有："紫宫者，太乙之居也"[2]，其职司则按《仪文》所述而广布"四维六合"。五方五帝为太乙之辅神，《史记》有"天神贵者太一，太一佐曰五帝"[3]之说。五帝亦称五方五老星君，皆属祥瑞之神，在《仪文》奉请辞中相应有"降洪休"、"临吉兆"之赞。《仪文》之"召请五方五帝开路仪文"和《仪文·杂文》"开通五路"的记载，则强调了五帝与星曜的关系，及其为法会开通道路的功德[4]。

L10北极紫微大帝亦称中天紫微北极大帝、北极星君。永安寺此幅持幡天女后绘人物7名，分前后两排，包括紫微大帝及随侍3名、臣僚2名，以及仪仗1名。紫微大帝为头戴冕旒冠、身着衮服、手持玉简的帝王形象，因地位尊贵而设背光。其袍服与大梵天相仿而取红色，可能意在强调与"炽盛光"的关联。随侍2女1男，集中在前排紫微大帝身旁，分持案卷及剑。两名臣僚立于后排，均为手持笏板的王公形象。1名仪仗亦处后排，手举斧钺。《图像》此幅则更为严整，紫微大帝身旁分别为手捧案卷的随侍2名、手持笏板的臣僚2名，以及手举"金瓜斧钺"的仪仗2名。

L11含太乙天尊和五方五帝两类天神。永安寺此幅持幡天女后绘人物8名，分前后两排，每排4神。除两类天神外，另增眷属2名，诸尊周身遍布纹饰。太乙天尊位居前排左侧，头戴束发冠，披绿袍。五帝现帝王相，冕旒衮服、手持玉简，与紫微大帝相仿。同奉请辞中的东方青帝、南方赤帝、西方白帝、北方黑帝、中方黄帝对应，五方五帝以袍服之青、赤、白、黑、黄五色明确了各自的身份。具体而言，前排太乙天尊右侧依次为东、南、中三帝；后排左1、左3分别为西、北二帝，其中南、北

[1] 全称为"大罗天阙，紫微星宫。尊居北极之高，位正中天之上。佛号金轮炽盛，道称玉斗玄尊。璇玑玉衡齐七政，总天经地纬。日月星宿约四时，行黄道紫垣。万febr宗师，诸天统御。大悲大愿，大圣大慈。万星教主，无极元皇，中天紫微北极大帝"，见佚名. 太上玄门早坛功课经[G]//〔清〕彭定求，辑. 重刊道藏辑要：张集. 成都二仙庵版，1906（清光绪三十二年）.

[2] 〔宋〕李昉，等. 太平御览，卷6//景印文渊阁四库全书.

[3] 〔汉〕司马迁. 史记，卷28//景印文渊阁四库全书.

[4] 其说与《淮南子·天文训》相关记载大体相仿："东方木也，其帝太皞，其佐句芒，执规而治春，其神为岁星"；"南方火也，其帝炎帝，其佐朱明，执衡而治夏，其神为荧惑"；"西方金也，其帝少昊，其佐蓐收，执矩而治秋，其神为太白"；"北方水也，其帝颛顼，其佐玄冥，执权而治冬，其神为辰星"；"中央土也，其帝黄帝，其佐后土，执绳而制四方，其神为镇星"，见〔汉〕高诱，注. 淮南鸿烈解，卷3//景印文渊阁四库全书.

二帝的面色亦与其袍服色彩相协调。北方黑帝两侧为两名眷属，男女各1，均手持笏板。《图像》此幅因缺乏色彩信息，故五帝身份不明。

《仪文》中十一曜的名号分别为日曜太阳天子、月曜太阴天子、金星太白真君、木星岁德真君、水星荣德真君、火星荧惑真君、土星镇德真君、罗睺交初真君、计都交中真君、紫气天一真君、月孛太一真君，呈现出鲜明的道教色彩[1]。其中前九曜亦称日、月、太白星、岁星、辰星、荧惑星、镇星、黄幡星、豹尾星，统称九执[2]，《仪文》同样有"九执大天"的称谓。在现存图像中，美国克里夫兰美术馆所藏道教题材画稿《道子墨宝》即含此十一曜，且附榜题（图3-6）。此稿虽托名唐代吴道子所作，但可能绘于宋代。因为画工普遍佛、道题材兼绘，所以往往会在佛寺、道观内对释道共尊者进行互借。十一曜的形象在《道子墨宝》；永乐宫三清殿、广胜下寺大雄宝殿等元代壁画，以及宝宁寺、毗卢寺等明代水陆画中即具有一定的相似性。

L12～L13日光天子和月光天子均属二十诸天。《仪文》奉请辞赞颂了二曜照耀乾坤、平等不二的功德，并特别提及前者的"灿灿红光"。L12持幡天女后绘人物3名，分别为日曜及男女随侍2名。L13持幡天女后绘人物2名，分别为月曜及手持笏板的臣僚1名。二曜均为戴梁冠、持笏板的王公相，因光明普照而特设背光。日曜依《仪文》而披红袍，月曜则转为较暗的青黑色。同时，前者绘作正面像、后者绘作侧面像，以突出日曜的身份。同类图像中二曜的差异则更为明显。如《道子墨宝》和广胜下寺大雄宝殿元代《炽盛光佛佛会图》中，二者分别为男相和女相。《图像》则日曜笏板顶现云气，托日宫与阳乌；月曜笏板顶现云气，托月宫与捣药玉兔。

L14～L18五星真君在唐金俱吒《七曜攘灾决》内被列为五方五帝之子。《仪文》五帝之序为东、南、西、北、中，五曜之奉请辞同样首先强调了东方甲乙木，从而使二者之间有所关联。永安寺此5幅持幡天女后人物分别为五曜及其眷属。整体看来，除火星外，五曜均紧随持幡天女。除金星外，其袍服的色彩均与五方之色相对应。水、土二星被其侧眷属遮挡，略显主次难分。眷属的形象主要以道教中的各类元帅、天君为参考，从而使图像的构成更显繁复。具体而言，L14金星现女相，怀抱琵琶，披红袍；眷属3名，现男相。L15木星现王公相，持笏板，披青袍；眷属3名，现男相。L16水星现女相，持笏板，披黑袍；眷属5名，现女相。L17火星现虬髯天师相，持笏板，披红袍；眷属4名，其中1名为龙首。L18土星现老叟相，拄杖，披黄袍；眷属3名，现男相。参考同类图像可知，五曜的形象呈现出逐渐简化的趋势。在《道子墨宝》中，五曜之性别与晚期一致。金星怀抱琵琶；木星手持桃枝；水星手持净瓶；火星一面四臂，分持弓、箭、火轮、刀；土星持印、拄杖[3]。同《道子墨宝》相比，《炽盛光佛佛会图》中的水星持物转为纸笔；火星须发上扬，持剑[4]。《图像》水星持纸笔；火星现虬髯天师相，持笏板。宝宁寺水陆画则木星持笏板，水星持纸笔，火星须发上扬、持戟，土星持手炉、拄杖。

[1] 道教文献中十一曜的出现约在晚唐、五代之际。《秤星灵台秘要经》记载了诸星的吉凶属性："人生贵贱禀星推，限数交宫各有时。若遇罗睺金木曜，太阳紫月同随。限逢此曜加官禄，火土二星到便危。夜降土星画火曜，三方不是死无疑。此星若是三方主，虽有灾伤命不离。家宅不宁因字至，更兼钝闷恰如痴"，见佚名. 秤星灵台秘要经[G]//道藏：第5册. 北京：文物出版社，上海：上海书店，天津：天津古籍出版社，1988：31. 宋《元始天尊说十一曜大消灾神咒经》已明确了十一曜的概念。
[2] 九执在唐代中、晚期的密教体系内已颇为流行，主要用于禳灾。《大日经疏》云："执有九种，即是日月火水木金土七曜，及与罗睺、计都合为九执。罗睺是交会食神（即蚀神），计都正翻为旗"，见〔唐〕释一行，记. 大毗卢遮那成佛经疏//大正新修大藏经：第39册：618. 一行所述《梵天火罗九曜》进一步说明了九曜的祭法。
[3] 与五星相关的早期图像另见《梵天火罗九曜》《七曜攘灾决》等唐密典籍。
[4] 孟嗣徽. 元代晋南寺观壁画群研究：91-91.

图3-6　《道子墨宝》中的十一曜
图片来源：克里夫兰美术馆藏。

L19~L22罗睺、计都、紫气、月孛四曜自东北向罗睺起始，与十大明王首先召请的焰鬘德迦同向。《梵天火罗九曜》称"罗睺星以钱供养，口诀云向丑寅（东北向）供之"[1]，《仪文》奉请辞之"艮地"、"寅宫"亦指明了罗睺所处的方位。永安寺此4幅持幡天女后的人物分别为四曜及其眷属。整体看来，四曜皆紧随持幡天女，除罗睺外均披绿袍。紫气、月孛被其侧眷属遮挡，尤其紫气之眷属高大且取正面像，可能在绘制时，被画工误认为主尊。具体而言，L19罗睺一面四臂三目，胸前左手作印，右手持锤，左右上手分持日、月，身黑色；眷属2名，现文官、武将相。L20计都现天师相，持笏板，黑面；眷属3名，2女1男，女性眷属衣袖饰有华丽的凤纹。L21紫气戴束发冠、持笏板，白面；眷属4名，均戴梁冠，与紫气名号相应而有云气托轮，绕于身侧。L22月孛戴束发冠、持笏板，白面；眷属6名，4女2男。

参考同类图像来看，上述四曜的设置似有错乱。在《道子墨宝》中，罗睺、计都二星均为三面六臂形象，前者为手托日月的"蚀神"，持物另含剑、铃、杵；后者则持弓箭、杵、剑、印、铃。紫气戴束发冠，持笏板；月孛则披发跣足，仗剑而立。在《炽盛光佛佛会图》中，罗睺、计都同样手持法器，现忿怒相；紫气、月孛均与《道子墨宝》所绘形象相仿。永安寺壁画中的四曜乍看与上述图像大相径庭。然而，如果将土星和罗睺两幅图像结合起来，即可看出其中的关联。土星右侧占据大半幅画面、手托日月的眷属原本应为罗睺，而罗睺图像中手托日月的所谓"罗睺"很可能误用了计都的形象（故城寺罗睺、计都均手托日月）。计都由此转为天师相，与通行画法有别。《图像》同样有此问题，在L19中的罗睺显然更接近计都。

3. 其他星君/L23~L32

水陆画中的其他各类星君包括十二宫神、十二元辰、二十八宿、北斗七星等，多为释道所共尊，以10幅图像表达。十二宫神常用于占卜，在唐密体系中已有较为广泛的运用。十二元辰与道教中作为护法、兼可占卜的六丁六甲相对应[2]。《仪文》奉请辞亦有"占求善恶，卜问权衡"之说。二十八

---

[1]　〔唐〕释一行，述. 梵天火罗九曜//大正新修大藏经：第21册：459.

[2]　《后汉书·梁节王畅传》云，"归国后数有噩梦，从官卜忌自言能使六丁，善占梦，畅数使卜筮"。注曰："役使之法，先斋戒，然后其神至。可使致远方物，及知吉凶也"，见〔南朝宋〕范晔，〔唐〕李贤，注. 后汉书，卷80//景印文渊阁四库全书.

宿同样吉凶兼存，如《仪文》所述，"福星照而吉庆祥生，恶曜临而灾危顿起"。关于北斗七星，晋《搜神记》称"南斗注生，北斗注死。凡人受胎皆从南斗过北斗，所有祈求皆向北斗"[1]。七星与帝王的关系更为密切，如《说郛》引汉甘石申《星经》云："北斗星谓之七政，天之诸侯，亦为帝车（即御辇）……齐七政，斗为人君号令之。主出号施令，布政天中，临制四方。"[2]故《仪文》有"巡历穹隆"、"周游碧落"，以及"群星拱伏"之说。

L23～L24十二宫神在奉请辞中的"星临八表"之说，以及《仪文·杂文》"请天仙"中的"八方十二宫神"之称，均与其环列布局相关。同时，诸神在奉请辞中始于宝瓶，在"水陆牌像"和壁画中则始于人马。参考唐代以来广泛传播的密教星图可知，两组十二宫神分别始于北向和东北向（图3-7）。后者依人马、天蝎、天秤、双女、狮子、巨蟹，以及阴阳、金牛、白羊、双鱼、宝瓶、磨羯之序排列[3]。永安寺此2图持幡天女后分别绘天神7名和6名，分前后两排布置。诸神身份主要通过各自的持物表达，其衣饰则颇为华丽。L23前排左起手捧马、天鹅、狮、蟹的男相天神，分别为人马、天蝎、狮子、巨蟹宫神。参考《图像》可知，天蝎宫神原本手捧蝎子。永安寺此幅榜题误将"天蝎"写作"天鹅"，天神手中持物亦相应绘作天鹅。后排左起两名女子，以及手握秤杆的男相天神，分别为双女、天秤宫神。L24天神均为男相。前排左起手捧羊、瓶、鱼的天神，分别为白羊、宝瓶、双鱼宫

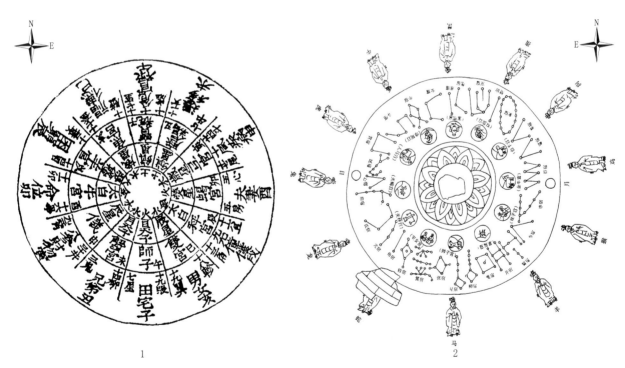

图3-7 十二宫图像比较（1"五星临十二宫吉凶法"插图；2[辽天庆七年/1117]河北宣化张恭诱墓室顶部壁画星图/因仰望星空而呈镜像）
图片来源：1（唐）金俱吒. 七曜攘灾决//大正新修大藏经：第21册：451；2河北省文物研究所，编著. 宣化辽墓：1974～1993年考古发掘报告[M]. 北京：文物出版社，2001：276.

[1] 〔晋〕干宝. 搜神记，卷3//景印文渊阁四库全书.
[2] 〔元〕陶宗仪. 说郛，卷108//景印文渊阁四库全书.
[3] 双女、阴阳二宫现译为室女和双子。《图像》将"水陆牌像"L23错写的"神宫"改正为"宫神"。

神。后排左1捧牛者为金牛宫神。持笏板、白面者和捧仙鹤、黑面者可能分别为阴阳和磨羯宫神，后者在《图像》内并无持物。此类图像在传承中也发生了一定的偏差，如重泰寺此组将蝎子绘作财宝，且误将秤杆绘作矛。

L25～L26十二元辰在《仪文》奉请辞中始于子，在"水陆牌像"和壁画中，则依次为寅、卯、辰、巳、午、未，以及申、酉、戌、亥、子、丑。参考星图可知，十二元辰与十二宫神具有明确的对应关系，在奉请辞和"水陆牌像"中分别自北向和东北向起始。其中东北向的选择，可能意在与前述罗睺之"艮地"、"寅宫"形成呼应。同时，《易·说卦》有"艮，东北之卦也，万物之所成终而所成始也"[1]；寅月则与正月相对应。永安寺此2图持幡天女后分别绘天神7名和6名，均分前后两排布置。诸神皆绘作戴梁冠、持笏板的王公相。参考《图像》可以看出，L25显然因画工疏忽而增加了1尊。与《图像》相比，永安寺十二元辰虽然缺乏显著的身份标识，但诸尊天衣遍布纹饰、颇显华丽，其面色和袍服的色彩也较为丰富。同类图像中，《道子墨宝》和宝宁寺水陆画十二元辰亦统一为王公相，但其侧相应伴有鼠、牛、虎、兔、龙、蛇、马、羊、猴、鸡、狗、猪。此类身份标识在元明时期的永乐宫、昭化寺壁画中，绘于诸神头冠的圆光内；在毗卢寺壁画内，则多数现于掌中。

L27～L30二十八宿按方位分为4组，分别与四象之青龙、白虎、朱雀、玄武相对应。二十八宿在奉请辞和"水陆牌像"中布局一致，均按东、北、西、南之序排列。东方七宿依次为角、亢、氐、房、心、尾、箕星君；北方七宿为斗、牛、女、虚、危、室、壁星君；西方七宿为奎、娄、胃、昴、毕、觜、参星君；南方七宿为井、鬼、柳、星、张、翼、轸星君。参考星图可知，其序为仰望天空时，南北互换的结果。受到仰视角度四象布局的影响，二十八宿的起始方位转为东南。永安寺此4图持幡天女后各绘七宿，分前后两排，均简化为头戴梁冠、手持笏板的王公形象，从而缺乏有效的身份标识。因此，便通过诸尊面色和袍服的色彩，以及各类复杂的纹饰加以润色。与之相比，唐《五星二十八宿神形图》《元史·舆服》[2]相关描述，以及宝宁寺、昭化寺等水陆画中，二十八宿的身份标识则更为明确。

L31北斗七元星君亦称北斗真君。按《仪文》奉请辞所载，包括贪狼、巨门、禄存、文曲、廉贞、武曲、破军关七星，分别与天枢、天璇、天玑、天权、玉衡、开阳、摇光相对应。永安寺此幅持幡天女后相应绘出7星，仍分前后两排组织。为与二十八宿区分，北斗七星衣冠统一，均戴芙蓉冠，从而具有更为鲜明的道教特征。与此同时，七星皆披黑袍，与《元史·舆服》之"北斗旗，黑质"相应而取北方之色。L32"普天列曜一切星君"属众星之汇总，无明确所指。永安寺此幅持幡天女后绘8星，分前中后三排，均为男相。众星戴梁冠、束发冠等，手持笏板。其面色各异，同样通过华服锦缎进行润色。

---

[1] 〔晋〕韩伯，注. 〔唐〕陆德明，音义. 〔唐〕孔颖达，疏. 周易注疏，卷13//景印文渊阁四库全书.

[2] 角宿/蛟，女子形、持莲荷；亢宿/龙，持黑等子；氐宿/貉，左手仗剑、乘一鳌；房宿/兔，左手仗剑；心宿/狐，右手持杖；尾宿/虎，右手持剑、左手持弓；箕宿/豹，仗剑、乘白马；斗宿/獬，左手持杖；牛宿/牛，牛首；女宿/蝠，乌牛首、左手持莲；虚宿/鼠，右手持珠；危宿/燕，虎首；室宿/猪，乘舟水中；壁宿/㺄，女子形；奎宿/狼，狼首、仗剑；娄宿/狗，左手持乌牛角、右手仗剑；胃宿/雉，右手仗剑；昴宿/鸡，黄牛首、左手持如意；毕宿/乌，持黑杖、乘赤马；觜宿/猴，持莲；参宿/猿，左手持珠；井宿/犴，左手持莲；鬼宿/羊，女子形、右手持杖；柳宿/獐，女子形、抚青龙；星宿/马，持黄称；张宿/鹿，右手仗剑；翼宿/蛇，仗剑履火；轸宿/蚓，左手持书，见〔明〕宋濂，等. 元史，卷79//景印文渊阁四库全书.

4．其他天仙/L33～L38

天藏王菩萨导引的其他天仙另有4组，包括天地水三官、北极四圣真君、天曹府君和判官、四直使者，以6幅图像表达。此组天仙不仅释道共尊，而且在民间信仰中也具有广泛的影响力。就天地水三官而言，天、地、水均为日常生活中不可或缺的元素，故称"阴阳互润，地水相滋"。三官亦被赋予赐福、赦罪、解厄的职司。北极四圣真君通常被视为天界四将，以"永护群星"为任。天曹府君和判官整体与地府同类设置相呼应[1]，在"水陆牌像"左右两列神鬼中，亦与冥殿十王及判官存在一定的对应关系。然而如前引唐《冥报记》所述，二者等级有别，其中"天帝总统六道，是谓天曹。阎罗王者如人天子"。四直使者为天界值年、月、日、时之神，负责邀请神鬼赶赴道场。《仪文·杂文》"请四直使者"指其"运通于天上天下，腾神于幽显幽冥"。

L33天地水三官即《仪文》所述之上元天官，中元地官，下元水官[2]。永安寺此幅持幡天女后绘人物8名，分前中后三排，包括三官及眷属5名。前排三官均为冕旒衮服的帝王相，左1白面黄袍，左2白面黑袍，左3黑面黑袍，具体对应关系未详。5名眷属4男1女，其中1名挂杖，可能为三官所降之五方使者。同类图像中三官形象的演变，则体现出其在信仰体系内日益重要的地位，及其日渐世俗化的特

图3-8　北极四圣真君比较（1《道子墨宝》；2故城寺壁画）

图片来源：1克里夫兰美术馆藏；2河北省文物研究所，蔚县博物馆，编著．故城寺壁画[M]．北京：科学出版社，2011：86.

---

[1]　"次请天曹府君、一切天曹百司官属、都官使者及诸部类……地府神君、平等大王、一切地府百司官属、都官使者诸司部类，降临坛场受我供养"，见〔唐〕释阿谟伽．焰罗王供行法次第//大正新修大藏经：第21册：375．此类天神同样出现在《法界圣凡水陆胜会修斋仪轨》神系中，司赏罚、生死等："于是天曹地府，各有注记之官；泰岳城隍，尤多司察之吏。人既亡，则互相执取"，见〔明〕释袾宏，重订．法界圣凡水陆胜会修斋仪轨//卍续藏经：第129册：569.

[2]　在不同的传承体系中，其名号也有所区别。《道子墨宝》中，三者分别为上元道化唐真君，中元护正葛真君，下元定志周真君，并有五方使者相随。明《新刻出像增补搜神记》内，三官依次为上元一品九气天官紫微大帝、中元二品七气地官清虚大帝、下元三品五气水官洞阴大帝；唐、葛、周被另归为"吴客三真君"，见〔明〕佚名．新刻出像增补搜神记[M]．金陵唐氏富春堂刊本．1573（万历元年）．

征。《道子墨宝》三官均为道士像，其中上元手持如意一柄。明《新刻出像增补搜神记》天官戴芙蓉冠，同样手持如意；地官戴芙蓉冠、持笏板；水官戴梁冠、持笏板。《图像》三官统一为戴梁冠、持笏板的王公形象。至永安寺，则进一步提升为帝王相。

L34北极四圣真君在"水陆牌像"和榜题中的顺序依次为天蓬、天猷、翊圣、玄武，在奉请辞中则转为真武灵应真君、翊圣保德真君、天蓬大元帅、天猷副元帅。永安寺此幅持幡天女后绘人物6名，分前中后三排，包括四圣及眷属2名。后排左2三面四臂、身红色，持剑、日、月者可能为天蓬；左1三面三目六臂、身黑色，持剑、铃、矩者可能为天猷。前排左1绿面青袍、持笏板者可能为翊圣；左2披发仗剑者可能为玄武。《图像》后排两尊均三面六臂，现忿怒相。其中左1持剑、索、印、矩，可能为天蓬；左2持珠、剑、杵、铃，可能为天猷。前排两尊与壁画大同小异。这样看来，永安寺天蓬持物中的日、月之设，可能参考了《图像》以外的早期形象。如《道子墨宝》四圣之序与"水陆牌像"一致。天蓬即三面六臂，持戟、铜、日、月、印、铃。天猷二面四臂，持弓箭、火轮、铜。翊圣、玄武（祐圣）则披发跣足，各持铜、剑而立（图3-8，1）。同类图像亦不甚统一。宝宁寺此幅分前后两排布置，后排两尊均现忿怒相。按二者在画面中的主次关系推测，左1四臂者为大元帅天蓬，持铃、杵、钺、剑。左2二臂者为副元帅天猷，持盒。前排两尊均披发仗剑，当为翊圣、玄武。故城寺此幅则前排左3为天蓬、后排为天猷，分别以戟、铃；弓、箭为标志。前排左1翊圣三目、左2玄武旁伴龟蛇（图3-8，2）。

L35~L37分别为天曹府君、天曹掌禄算判官、天曹诸司判官。L35持幡天女后绘人物6名，包括天曹府君及随侍1名、臣僚2名、仪仗2名。天曹府君高大突出，现王公相，披红袍，袍服遍布纹饰。随侍在《图像》内原为男子形象，此处则绘作女官，服饰与持幡天女相仿。2臣僚均戴幞头、持案卷。2仪仗均举"金瓜"。L36持幡天女后绘判官3名，分掌禄、掌算两类。宋《宣和画谱》中，五代陆晃画作即含"天曹掌禄真君像"与"天曹掌算真君像"[1]。永安寺诸判官均戴幞头、持案卷，其幞头两脚上翘，样式具有一定的戏剧化特征。同时，判官的面色也各有不同，以黑、绿、黄3色相分。L37持幡天女后绘判官6名，分前后两排，当与地府六曹之设相匹配。诸判官分持案卷、笏板，与故城寺同类判官相仿。除持物外，画工还通过诸尊衣冠、面色，以及袍服的色彩来丰富画面。

L38四直使者亦称四值功曹，《仪文》奉请辞对其形象进行了详细记载，即"头缠红彩，足蹑云霞；腰挂霜刀，手擎符命"。在《仪文·杂文》"请使者土地"内，四直使者作为土地眷属出现，其形象则"聪明正直，捷疾持符；握宝刀而衣绣霓裳，横钺斧而貌彰玉彩"。永安寺此幅持幡天女后相应绘出使者4名，依《仪文》而"头缠红彩"。4使者均持牌，上有年直功曹、月直功曹、日直功曹、时直功曹的题字，与《道子墨宝》中的十二月将相仿[2]。就同类作品而言，《图像》4使者中半数持钺，与上述记载相合。毗卢寺、故城寺、重泰寺此幅均有红彩与题字的表达，重泰寺还特意增加了四神的名号。

---

[1] 〔宋〕宣和画谱，卷3//景印文渊阁四库全书.

[2] 十二月将基本相当于月值功曹的细化，相关题字为：正月登明将、二月河魁将、三月从魁将、四月传送将、五月小吉将、六月胜光将、七月太一将、八月天罡将、九月大冲将、十月功曹将、十一月大吉将、十二月神后将。

（三）中轴线两侧壁画中的下界神

表3-5　《仪文》对下界神的描述（《仪文》与《图像》顺序略有出入，此处以后者为参照）

编号	名号	《仪文》"召请下界仪"奉请辞
PR1	持地菩萨	慈悲广大，誓愿洪深；覆载众生，任持大地。
R1	后土圣母	将修万汇，德化无疆；尊超于五帝之前，位列于四溟之上。
R2	东岳天齐仁圣帝	乾坤同立，日月齐兴；职典于人世之权，位判于阴司之主。
R3	南岳司天昭圣帝	莹身兽带，翠服龙装；推穷善恶之灵明，调治真讹之证鉴。
R4	西岳金天顺圣帝	圣明无染，莹洁如霜；威雄而正直无私，祷祝而高低普应。
R5	北岳安天元圣帝	掌按天地，覆载乾坤；顺群品而应物垂恩，济有情而皆沾吉兆。
R6	中岳中天崇圣帝	资生宇宙，主山河而独至称尊；擎架神州，镇阎浮而恒常作主。
R7～R8	东海龙王众、南海龙王众	位临觉分，理证无为；化楼台于无热池中，示宫殿于黄金界内。
R9～R10	西海龙王众、北海龙王众	缚乌涌沸，龙口喷涛；分银河而流溯无穷，漾波心而循环不尽。
R11～R12	江河淮济四渎诸龙神众、五湖百川诸龙神众	恒居五位，永绝三灾；无风执金翅之愆，有香软歌欢之乐。
R13	陂池井泉诸龙神众	未单独列出
PR2	虚空藏菩萨	未单独列出
R14	主风主雨主雷主电诸龙神众	主风主雨，主电主雷；主苗主稼之神，主昼主夜之众。主水主火，主地主空；主山林木植之君，掌社稷城隍之宰。
R15	主苗主稼主病主药诸龙神众	
R16	守斋护戒诸龙神众	未单独列出
R17	三元水府大帝	金冠耸翠，宝剑光寒；兴润泽于四方之隅，建宫殿于三元之府。
R18～R19	顺济龙王、安济夫人	名摽瞻部，位列娑婆；海神持宝以临庭，龙女献珠而赴会。
R20	太岁大杀博士日游太阴神众	行年运度，积岁施为；应祸福于人间，注吉凶于阴界。太岁、大杀、博士、日游神、太阴、大将军、黄幡、白虎、蚕官、五鬼、金神、飞廉、豹尾、上朔日、畜、阴官、奏书、归忌、九坎、伏兵、力士、吊客、丧门、大耗、小耗、住宅龙神等众（名号）
R21	大将军黄幡白虎蚕官五鬼众	
R22	金神飞廉豹尾上朔日畜神众	
R23	阴官奏书归忌九坎伏兵力士众	
R24	吊客丧门大耗小耗宅龙神众	
R25	护国护民城隍社庙土地神祇众	名喧宇宙，德备无穷；竖阴阳而兴变天然，凭教证而能仁记莂。
PL2	大威德菩萨	威轮有异，德化无疆；摄大力之魔军，灭贪嗔之业火。
L39	阿修罗众	威严广大，变化无穷，力动乾坤；手持日月，忿怒全身。
L40～L46	大罗刹众、罗刹女众、诃利帝母众、大药叉众	经游大地，遍历山川；播圣力于四维，运神通于八表。
	旷野大将众、般支迦大将众、矩畔拏众	生居海穴，境界非凡；运神通于天地之间，布威雄于乾坤之内。

　　传法正宗殿第3组两类下界神中，五岳河海诸神与天仙相对，绘于西壁和南壁西梢间，以持地菩萨和虚空藏菩萨为导引（表3-5）。阿修罗众绘于南壁东梢间和东壁，以大威德菩萨为导引。与《图像》相比，壁画中下界神的持物、衣冠等有少量调整和简化，特殊色彩的匹配亦与相关仪轨契合。通过服饰的比较尚可看出，中轴线西侧诸神在锦纹的使用上远较东侧偏少，由此反映出两队画工的不同偏好。

　　持地菩萨和虚空藏菩萨为五岳河海诸神的导引菩萨。PR1持地菩萨居于西壁首位，具有"覆载众生、任持大地"的功德。永安寺此幅持幡天女后仅绘持地菩萨1尊。菩萨为侧面像，伸左手做导引状，设背光、挂璎珞，足踏莲台。与之相比，宝宁寺持地菩萨则手捧莲花。PR2虚空藏菩萨位列风雨雷电诸龙神之前。永安寺此幅持幡天女后仍绘1尊。菩萨为正面像，左手施与愿印、右手施无畏印；双足左右对称，姿态较《图像》更具程式化特征。菩萨背光、莲台具足，其莲台在底部出茎，向两侧伸展。

　　PL2大威德菩萨亦称大威德自在王菩萨，作为阿修罗众的导引者而与南壁东侧天仙相接。《仪文》奉请辞特别强调了其"威轮有异"，以及摄魔军、灭业火之功德。永安寺此幅持幡天女后绘人物2名，分别为大威德菩萨及其随侍，均周身遍布纹饰。菩萨大体处于南壁东梢间壁面中央位置，画工遂将其绘作引人注目的正面像。此尊左手持华丽的5瓣团花，右手施与愿印。菩萨背光具足、脚踏莲台，虽然莲台同样在底部出茎，但画法与西侧大相径庭。其随侍则手捧宝珠，侍立在旁。考察《图像》可知，大威德菩萨原本为侧面像，且左手持八辐金轮，与《仪文》记载呼应。永安寺团花的设置，无疑影响了"威轮"之意的表达。

1. 地祇/R1～R6

　　地祇以后土圣母和五岳帝君为代表，在永安寺壁画中以6幅图像表达。后土圣母为道教中的四御之一。与此相应，《仪文》奉请辞称其地位高于五岳四海。《太上玄门早坛功课经·后土诰》亦有"岳渎是依，山川咸仗"[1]之说。作为山神的五岳帝君中，东岳大帝居泰山，为五岳之首，且与冥府相关。宋《云笈七签》指其"主治死生，百鬼之主帅也"[2]，《仪文》奉请辞亦称其为"阴司之主"[3]。

　　R1后土圣母即道教中的承天效法后土皇地祇。永安寺此幅持幡天女后绘人物4名，包括后土圣母及随侍2名、仪仗1名。后土圣母披褐袍，左手持手炉，右手正从随侍头顶的香盘内拾取香丸。随侍男女各1，其中头顶香盘的男相随侍身材矮小，身黑色，形如鬼卒。仪仗手举仪仗扇1柄，扇面饰有云纹承托的日月二曜。故城寺此幅后土圣母则手持笏板，同样匹配有手举仪仗扇的仪仗。

　　R2～R6五岳帝君分别为东岳天齐仁圣帝、南岳司天昭圣帝、西岳金天顺圣帝、北岳安天元圣帝、中岳中天崇圣帝。在《道子墨宝》内，五岳帝君皆现帝王相。永安寺此系列持幡天女在前，五岳帝君亦为冕旒衮服、手持玉简的帝王形象。其袍服五色与五方之色对应，并与《云笈七签》和《元史·舆

---

[1] 佚名. 太上玄门早坛功课经//〔清〕彭定求, 辑. 重刊道藏辑要: 张集.

[2] 〔宋〕张君房. 云笈七签, 卷79//景印文渊阁四库全书.

[3] 按前引唐《冥报记》记载，阎罗王之于泰山府君，相当于天子之于尚书令。在水陆法会召请的第4组冥府神中，泰山府君的奉请辞亦有"职居总帅，辅弼阎罗"之说。

服》中，五帝衣冠的记载相吻合[1]。五帝身旁各匹配随侍、臣僚若干。与东壁相比，此组人物的衣裙以金饰为主，未用繁密的锦纹，纹饰类型也相对有限。具体而言，R2东岳袍服青色；臣僚2名，均持案卷。R3南岳袍服红色；臣僚1名，持书卷；随侍2名，分持日轮及杯。其中持日轮者不甚合理，画工在此恐混淆了地祇与天神的概念。在《图像》内，2随侍原持香炉和宝珠。R4西岳为正面像，袍服白色；臣僚2名，其中1名持笏板。R5北岳袍服黑色；臣僚2名，其中1名持笏板。R6中岳袍服黄色；随侍1名，持香炉；臣僚2名，分持笏板和书卷。

2. 龙神/R7～R19

水府以诸龙神为主体，属八部众范畴，在永安寺壁画中以13幅图像表达。此组龙神类型众多，掌控范围颇广，无疑体现出其在水陆法会中的重要地位。其中四海龙王掌东、南、西、北四海，《仪文》奉请辞特意描述了其远离灾患之乐[2]。江河淮济、五湖百川、陂池井泉龙神涵盖长江、黄河、淮河、济水四渎[3]，以及湖泊、河流、池塘、井泉等各类水体，《仪文》同样指其永绝三灾[4]之祸。主掌风雨、苗稼；守护斋戒诸龙的职司通过其名号即可一目了然。除此之外，奉请辞还相应增加了昼夜、水火等内容。各类江神中，则以长江下游地区的水神为典型[5]。其中三元水府大帝即长江三水府或扬子江三水府[6]。顺济龙王亦属江渎神，在明代曾特指曾任三闾大夫的屈原。安济夫人的"助顺安济夫人"之称，则与"顺济龙王"形成了一定的关联[7]。

R7～R10四海龙王在《仪文》中亦称东方青色龙王、南方赤色龙王、西方白色龙王、北方黑色龙王。永安寺此系列持幡天女在前，四海龙王中三海均为王公相，仅北海龙王现出龙头。其袍服四色，则与四方之色相对应。四龙身旁各匹配眷属若干。因龙王兼有行云布雨的职司，故部分龙王眷属为

---

[1]　按《云笈七签》所述，东岳大帝居泰山，"服青袍，戴苍碧七称之冠"。南岳大帝居衡山，"服朱光之袍，九丹日精之冠"；西岳大帝居华山，"服白素之袍，戴太初九流之冠"；北岳大帝居恒山，"服玄流之袍，戴太真冥灵之冠"；中岳大帝居嵩山，"服黄素之袍，戴黄玉太乙之冠"。《元史》中五帝的形象分别为"青袍绿裳""绯袍绿裳""白袍绯裳""皂袍绿裳""黄袍绿裳"，见〔明〕宋濂，等. 元史，卷79//景印文渊阁四库全书. 在《仪文》奉请辞中，南岳之"翠服龙装"可能与其"绿裳"相关；西岳则因披白袍而"莹洁如霜"。

[2]　元代四海龙王的封号为"东海广德灵会王，南海广利灵孚王，西海广润灵通王，北海广泽灵佑王"，见〔明〕宋濂，等. 元史，卷76//景印文渊阁四库全书.《仪文》奉请辞借用了八大龙王之一阿耨达（意译为无热恼、清凉）居所的特征。其中"无热池"即无热恼池，为阿耨达龙王所居。此池出四河，其一即名"缚刍"。龙族常受三患（三灾）之苦，唯阿耨达龙得以幸免。

[3]　四渎龙神在《元史·祭祀》中的封号分别为：江渎"广源顺济王，河渎灵源弘济王，淮渎长源溥济王，济渎清源善济王"。明《新刻出像增补搜神记》则指四神为楚屈原、汉陈平、唐裴度，以及楚作大夫。裴度另称"裴说"，见〔明〕佚名. 三教源流搜神大全，卷2[M]. 西岳天竺国藏版. 清代刊本.

[4]　"一者举阎浮提所有诸龙，皆被热风、热沙着身，烧其皮肉，及烧骨髓以为苦恼……二者举阎浮提所有龙宫，恶风暴起，吹其宫内，失宝饰衣，龙身自现以为苦恼……三者举阎浮提所有龙王，各在宫中相娱乐时，金翅大鸟入宫搏取或始生方便，欲取龙食，诸龙怖惧，常怀热恼"，见（后秦）释佛陀耶舍、释竺佛念，译. 长阿含经//大正新修大藏经：第1册：117.

[5]　《仪文》"召请下界仪"综述亦体现出对江神的特别关注。其中"三闾楚殿之沉魂、五湘沿江之逝魄、南越钓螺之女、延平化剑之龙"，即自投汨罗江的屈原，殒于湘江的有虞二妃，钓螺江一代供奉的螺女，以及闽江流域延平津双剑所化的蛟龙。

[6]　"三水府神者，伪唐保大中封马当上水府为广祐宁江王、采石中水府为济远定江王、金山下水府为灵肃镇江王"，见〔元〕马端临. 文献通考，卷90//景印文渊阁四库全书.《仪文》奉请辞与之类似，依次称"上元水府马当山灵江王，中元水府牛居山定江王，下元水府灵肃山镇江王"。公主寺壁画则直接以此名号为榜题。

[7]　顺济龙王、安济夫人在奉请辞中误写为"安济龙王、顺济夫人"。顺济龙王即前述四渎之江渎神广源顺济王。安济夫人见载于宋代的系列文献。如"庙在（小孤）山之西麓，额曰惠济，神曰安济夫人"，见〔宋〕陆游. 入蜀记，卷2//景印文渊阁四库全书. "立庙江上，舟过其下者，必祀而后济。州为保奏，封安济夫人"，见〔宋〕吴曾. 能改斋漫录，卷18//景印文渊阁四库全书. "小孤山惠济庙圣母已封安济夫人……军民逐时祈祷，皆有灵应，加封助顺安济夫人"，见〔宋〕周必大. 文忠集，卷98//景印文渊阁四库全书.

双翼鹰爪、鸟喙猴面的形象，状如雷神（图3-9）。具体而言，R7东海龙王白面，披青袍。眷属2名均若雷神，其中1名眷属无翼而持扇，身背葫芦。R8南海龙王红面，披红袍。眷属3名，其中2名状如雷神、夜叉。对比《图像》可知，二者原本均生双翼。R9西海龙王为正面像，白面，披白袍。眷属5名，现文官、武将相。R10北海龙王龙头黑色，披黑袍。眷属5名，其中2眷属各背官服童子1名，或与酬谢龙神时的习俗有关。

R11~R13大小水体诸龙神中，R11为江河淮济四渎龙神。永安寺此幅持幡天女后绘5神，分前后两排，包括四渎龙神及眷属1名。四渎均现龙头、持笏板，其中一尊在《图像》中原生三目。其袍服以红、黄、白、青四色相分，同《元史·舆服》中，朱袍、黄袍、素袍、青袍的记载吻合[1]。与此同时，四龙面色也呈现出与袍服的协调。《图像》未绘的眷属形如夜叉，身黑色，持戟。R12五湖百川龙神、R13陂池井泉诸龙神二图持幡天女后分别绘龙神7名和4名，分前后两排布置。诸尊均为戴梁冠、持笏板的王公形象，在壁画中以面色和袍服色彩的变化来丰富画面。此两类龙神或数量较多，或重要性较低，故而均未设眷属或随侍。

R14~R16诸神均有特定职司。R14含风、雨、雷、电、昼夜5神。《元史·舆服》详细记载了其中4神的形象[2]。永安寺此幅持幡天女后相应绘5神，分前后两排布置。前排右1风伯负风囊，着朱袴。右

图3-9　雷神形象比较（1《道子墨宝》；2《新刻出像增补搜神记》）

---

[1] 江渎"青襕朱袍，跨赤龙"；河渎"皂襕黄袍，跨青龙"；淮渎"皂襕素袍，乘青鲤"；济渎"皂襕青袍，乘一鳖"，见〔明〕宋濂，等．元史，卷79//景印文渊阁四库全书．

[2] 风伯"犬首，朱发，鬼形，豹汗胯，朱袴，负风囊"；雨师"朱衣，黄袍，黑襕，黄带，白袴，皂舄，右手仗剑，左手捧钟"；雷公"犬首，鬼形，白拥项，朱犊鼻，黄带，右手持斧，左手持凿，运连鼓于火中"；电母"女子形，纁衣，朱裳，白袴，两手运光"，见〔明〕宋濂，等．元史，卷79//景印文渊阁四库全书．

2雨师左手捧钟，身披青色八卦衣。右3电母神色庄重，双手持运光之镜。后排右1雷公持斧凿、运连鼓，项系黄带。右2持矩者当为主昼夜神。参考汉《春秋繁露·阴阳终始》"秋分者，阴阳相半也，故昼夜均而寒暑平"[1]之说推测，此神可能由秋神蓐收演化而来。同永安寺相比，《图像》与宝宁寺此幅较为接近，雨师均持杨枝；电母则双手持镜，镜面光洁，现其面容。R15含苗、稼、病、药、水、火6神。永安寺此幅持幡天女后相应绘6神，分前后两排布置。前排右1火神持白色火焰。右2、3苗、稼神持禾苗、谷穗。后排右1水神持水。前排右4、后排右2当为病、药二神，其中1名持葫芦，1名无持物。参考《图像》可知，后排无持物者原本持扇背葫芦，特征更加鲜明。根据《图像》人物形象推测，病、药二神可能借用了孙思邈和李铁拐的形象。R16为守斋护戒诸龙。永安寺此幅持幡天女后绘3神，与其职司相应，均现武将相。诸神须发飞扬、衣甲华丽，其中2神分持钺、剑，1神行揖礼。《图像》此幅则3神均持兵器。

R17～R19均属江神。R17为三元水府大帝。永安寺此幅持幡天女后绘人物6名，分前后两排，包括三元水府及随侍2名、臣僚1名。前排三水府中，上元居中，现帝王相，冕旒衮服，披黄袍。中元、下元降为王公相，顶戴梁冠，分披绿袍、青袍。后排臣僚居中，戴幞头。2随侍一背鱼状物，一捧书卷。在《图像》中，2随侍原本一背蚌壳、一捧珍宝。R18为顺济龙王。永安寺此幅持幡天女后绘人物2名，分别为顺济龙王及其臣僚。顺济龙王现王公相，持笏板，披青袍。臣僚亦现王公相，但身材矮小，且被龙王遮挡，显得主次分明。R19为安济夫人。永安寺此幅持幡天女后绘人物2名，分别为安济夫人及其仪仗。安济夫人现贵妇相，衣饰较为华丽。仪仗手举仪仗扇1柄，扇面饰四合云。对比《图像》可知，仪仗扇原绘双凤纹，与安济夫人的身份更为相称。

3. 其他水府神/R20～R25

持地菩萨和虚空藏菩萨导引的特殊水府神另以6幅图像表达。前5幅凶神居多，且与星历、堪舆有关，《仪文》奉请辞同样有"行年运度"，以及在阴阳两界"注吉凶""应祸福"之说。传唐译《天地八阳神咒经》将其与鬼魅并列，包括"日游、月杀、大将军、太岁；黄幡、豹尾、五土地神；青龙、白虎、朱雀、玄武；六甲禁讳、十二诸神、土府伏龙"等[2]。参考清初《御定星历考原》的大量引文可知，此类神煞多数涉及修造和安居[3]（表3-6）。《仪文》亦称十方法界诸大龙神"禀金文而永护家庭"。后1幅护国护民诸神主体属守护神。《仪文》奉请辞中，"记莂"乃"谓世尊记诸弟子未来生事，记因果也"[4]，由此与上述"注吉凶"之神煞形成呼应。

[1] 〔汉〕董仲舒. 春秋繁露，卷12//景印文渊阁四库全书.
[2] 〔唐〕释义净，译. 天地八阳神咒经//大正新修大藏经：第85册：1422-1423. 经文指出，读经3遍后动土立宅，则神煞、鬼魅等不敢为害。其中十二诸神可能为十二神煞，即太岁、太阳、丧门、太阴、官符、死符、岁破、龙德、白虎、天德、吊客、病符，见〔唐〕张九龄. 曲江集，卷10//景印文渊阁四库全书.
[3] 〔清〕玄烨御制. 御定星历考原，卷2、卷4//景印文渊阁四库全书.
[4] 〔辽〕释觉苑. 大日经义释演密钞//卍续藏经：第37册：92.

表3-6 各类文献对水陆法会所涉神煞的记载

编号/名号		《御定星历考原》引文
R20	太岁	《神枢经》曰：太岁，人君之象，率领诸神统正方位、干运时序、总成岁功……若国家巡狩省方、出师略地、营造宫阙、开拓封疆，不可向之。黎庶修营宅舍、筑垒墙垣，并须回避。
	大杀	《历例》曰：大杀者，岁中刺史也。主刑斗伤杀之事。所理之地出军不可向之，并忌修造。犯者主有伤杀。
	博士	《广圣历》曰：博士者，岁之善神也，掌案牍、主拟议。所居之方利于兴修。
	日游	经曰：游神所在，不可安产室、扫舍宇、设床帐。
	太阴	《神枢经》曰：太阴者，岁后也，常居岁后二辰。所理之地不可兴修。
R21	大将军	《神枢经》曰：大将军者，岁之大将也，统御威武、总领战伐。若国家命将出师、攻城战阵则宜背之，凡兴造皆不可犯。
	黄幡	《乾坤宝典》曰：黄幡者，旌旗也，常居三合墓辰。所理之地不可开门、取土、嫁娶、纳财、市买，及有造作。犯之者主有损亡。
	白虎	《人元秘枢经》曰：白虎者，岁中凶神也，常居岁后四辰。所居之地犯之，主有丧服之灾，切宜慎之。
	蚕官	《历例》曰：蚕官者，岁中掌丝之神也。所理之地忌营构宫室。犯之蚕母多病，丝茧不收。
	五鬼	《乾坤宝典》曰：五鬼者，五行之精气也，主虚耗疾病惊怪之事。所理之方不宜兴举、抵向、吊丧、问病。犯之主财物耗亡、家招怪异。
R22	金神	《洪范篇》曰：金神者，太白之精，白兽之神，主兵戈丧乱、水旱淫疫。所理之地忌筑城池、建宫室、竖楼阁、广园林、兴工上梁、出军征伐、移徙嫁娶、远行赴任。若犯干神者，其忌尤甚。
	飞廉	《神枢经》曰：飞廉者，岁之廉察使君之象，亦名大煞。所理之方不可兴工动土、移徙嫁娶。犯之主官府口舌、疾病遗亡。
	豹尾	豹尾者，亦旌旗之象。用豹尾为之，盖取所向疾速之义也。常居黄幡对冲，其所在之方不可嫁娶、纳奴婢、进六畜及兴造。犯之者破财物、损小口。
	上朔日	《堪舆经》曰：上朔日忌宴会、嫁娶、远行、上官。
	畜官	《广圣历》曰：畜官者，岁中牧养之神也，主养育群畜之事。所理之方忌造牛栏、马枥及放牧。犯之者损六畜、伤财。
R23	阴官	可能为岁德合，因"岁德属阳，岁德合属阴"。《曾门经》曰：岁德者，岁中德神也，十干之中五为阳、五为阴。阳者君道也，阴者臣道也……所理之地万福咸集，众殃自避。应有修营，并获福佑。
	奏书	《广圣历》曰：奏书者，岁之贵神也，掌奏记、主伺察。所理之地宜祭祀求福、营建宫室、修饰垣墙。
	归忌	《广圣历》曰：归忌者，月内凶神也。其日忌远行、归家、移徙、娶妇。
	九坎	《广圣历》曰：九坎者，月中杀神也。其日忌乘船渡水、修堤防、筑垣墙、苫盖屋舍。
	伏兵	《历例》曰：伏兵大祸者，岁之五兵也，主兵革、刑杀。所理之方忌出兵、行师及修造。犯之主有兵伤、刑戮之咎。
	力士	《堪舆经》曰：力士者，岁之恶神也，主刑威、掌杀戮。所居之方不宜抵向。犯之令人多瘟疾。

续表

编号/名号		《御定星历考原》引文
R24	吊客	《纪岁历》曰：吊客者，岁之凶神也，主疾病哀泣之事，常居岁后二辰。所理之地不可兴造及问病寻医、吊孝送丧。
	丧门	《纪岁历》曰：丧门者，岁之凶神也，主死丧哭泣之事，常居岁前二辰。所理之地不可兴举。犯之者主盗贼、遗亡、死丧之事。
	大耗	《历例》曰：大耗者，岁中虚耗之神也。所理之地不可营造仓库、纳财物。犯之当有寇贼惊恐之事。
	小耗	经曰：小耗者，岁中虚耗之神也。所理之方不宜运动出入、兴贩经营，及有造作。犯之者当有遗亡、虚惊之事。

R20含太岁、大杀、博士、日游、太阴5神，其中"大杀"在"水陆牌像"和《图像》榜题中均误为"大煞"。永安寺此幅漏绘，《图像》则于持幡天女前方绘5神，分前后两排布置。前排右1太阴作为"岁后"本应为女相，此处则绘作与之相关的青龙，由此与水族之龙神联系起来。青龙属黄黑二道十二神之一，《御定星历考原》引《选择宗镜》言，"'开'为青龙太阴，为生气华盖，上吉"[1]。在水陆画中，青龙常绘作人首龙身的烛阴，即烛龙形象[2]。《山海经》对烛阴的身色进行了描述："人面蛇身而赤"[3]。相关图像在细节上略有差异：《图像》和宝宁寺水陆画无足无冠，明《新刻出像增补搜神记》一足戴冠，毗卢寺壁画和太岳区旧藏清初水陆画则无足戴冠[4]。右2持案卷者应为"掌案牍"之博士。博士为此组仅有的善神，其侧瑞鹿亦可能为祥瑞的象征。右3王公相者应为现"人君之象"的太岁，宝宁寺此尊则绘作冕旒衮服的帝王相。后排右1持钺者应为凶神日游。右2戴幞头者当为"岁中刺史"大杀。

R21含大将军、黄幡、白虎、蚕官、五鬼5类神祇。永安寺此幅持幡天女后绘9神，分前中后三排布置。前排右1遍身戎装、现武将相者为"岁之大将"大将军。右2持书写"黄帆"之旌旗者为黄幡。考察《图像》可知，永安寺画工将"幡"字误写为"帆"。右3持剑、旁卧猛虎者为凶神白虎，猛虎特意绘作白色。右4头戴幞头者为"掌丝之神"蚕官。中、后两排以鬼众5名体现五鬼之数。五鬼身色有别，面目狰狞，分持桶、葫芦、杖等。

R22含金神、飞廉、豹尾、上朔日、畜官5类神祇。永安寺此幅持幡天女后绘6神，分前后两排布置。前排右1现王公相者应为"廉察使君"飞廉，即"大煞"。右2、右3黑面者可能分别为"天金神"和"地金神"，或与《山海经》所录"白毛、虎爪、珥蛇、执钺"的西方蓐收相关。后者持矛而立，意在体现其所掌之"兵戈丧乱"。在《图像》中，此尊原本持戟。后排右1持矛者可能为"主养育群畜"的畜官，其持物与作为"白兽之神"的金神相对应。右2持刀者或为忌讳较多的上朔日。右3

[1] 黄黑二道十二神包括青龙、明堂、天刑、朱雀、金匮、天德、白虎、玉堂、天牢、元武、司命、勾陈；月建十二神包括建、除、满、平、定、执、破、危、成、收、开、闭，见〔清〕玄烨御制. 御定星历考原，卷5//景印文渊阁四库全书.
[2] 《淮南子·地形训》云，烛龙"在雁门北，蔽于委羽之山，不见日。其神人面龙身而无足"，注曰"龙衔烛以照太阴"，见〔汉〕高诱，注. 淮南鸿烈解，卷4//景印文渊阁四库全书.
[3] 〔晋〕郭璞. 山海经，卷17//景印文渊阁四库全书.
[4] 宝宁寺见"吊客丧门大耗小耗宅龙诸神众"，毗卢寺见"青龙白虎丧门吊客"，太岳区旧藏水陆画见"丧门吊客"。

为豹尾，以所持豹尾状"旌旗"为标志。《御定星历考原》特别强调了豹尾与黄幡之间的联系。如前所述，黄幡、豹尾即十一曜之罗睺、计都。在不同的神系中，其名号和形象均有较大改变。至于"旌旗"之说，则因"旗星，谓彗星也"[1]。

R23含阴官、奏书、归忌、九坎、伏兵、力士6神。永安寺此幅持幡天女后绘6神，分前后两排布置。诸神特征不甚鲜明，以下暂做推测。前排右1现王公相者可能为善神阴官，披青袍，持笏板。右2现武将相，面容祥和、未持兵器者可能为贵神奏书。右3腕上挂剑、怒目圆睁者可能为"岁之五兵"伏兵，《图像》此尊并未突出表达怒目。后排右1、右2头缠红彩、披红袍及绿袍者可能为凶神归忌、杀神九坎。右3面色黑红、行揖礼者可能为恶神力士。

R24含吊客、丧门、大耗、小耗、住宅龙神5神。永安寺此幅持幡天女后相应绘5神，分前后两排布置，前排4神、后排1神。前排右1、右3形如鬼众，携珊瑚、绸缎而走者为"虚耗之神"大耗、小耗。因"小耗常居大耗后一辰"，故依西壁水陆画的整体布局分析，持幡天女身旁绿面红发者当为大耗；其后红面黑发、旁卧一犬者当为小耗。同类图像中，太岳区旧藏清初水陆画所绘大耗对"虚耗"的表达更为直观。此神身背铜钱数串，但系钱之绳断开，使铜钱边走边落（图3-10）。前排右2面容悲伤的女子，以及后排捧绳状物的男子当为丧门、吊客，与二者所居之地"岁前二辰"和"岁后二辰"相呼应。在《图像》中，吊客着孝服、捧纸扎；丧门则身着重孝、掩面哭泣，较永安寺身着华服的二凶神更加形象。前排右4为守护宅院的住宅龙神，手持利剑、身旁卧龙，由此与前述青龙形成呼应，并强调了水府神的主题。卧龙现四爪，可能与住宅的等级相关，其样式则与西侧彩画中的龙纹相近，具有更为明显的清代特征（见图3-3，1）。

图3-10 山西博物院藏清康熙八年/1669 "大小耗神"
图片来源：太岳区旧藏

R25所涉神祇类型众多，包括护国、护民、城隍、社庙、土地等。按奉请辞所述，则含灵坛社庙，郊野祠堂，卫伽蓝宫观之神，护国界乾坤之宰。永安寺此幅持幡天女后绘10神，分前中后三排布置。前排右1、右2、右4现王公相，袍服分紫红、绿、青诸色，并无特指。右3戴幞头、披红袍者可能为

[1]　〔唐〕释一行，记. 大毗卢遮那成佛经疏//大正新修大藏经：第39册：618.

城隍，《仪文》之"召请本郡城隍真宰"指其"威严执政，秉直无私；守城池于本境之间，察善恶于杳冥之际"。中、后两排6神神态各异、服饰多样，多无明确所指，仅中排右3绿袍华服老者的形象与土地神相仿。在《图像》中，此神原绘作皂帽素服，如《仪文》"加持伽蓝土地仪"所述："袍披白练，帽戴乌巾"；"神髭似雪，鬓发如霜；身披素服貌堂堂，腰系皂绦乌律律"。

4. 阿修罗众/L39~L46

大威德菩萨导引的阿修罗众主要包含阿修罗、夜叉二部，与前述天众、龙众二部同属八部众范畴，在永安寺壁画中以8幅图像表达。将阿修罗众列在水府神之后的原因，可能由于其住所在"大海水底"[1]。水陆法会中的阿修罗众大体分为4类，与北方毗沙门天王的关系尤为密切。第1类阿修罗通常貌丑而好斗，常与帝释天所率天众为敌。第2类大罗刹和罗刹女属北方天王所领鬼众之一。罗刹意译为速疾鬼，属食人恶鬼。经文中尚有罗刹女供养十二兽的说法[2]，此类神兽据称居于四方海中的神山上，恰与水族相关。第3类旷野大将众、般支迦大将众、矩畔拏众在《仪文》内被归入一组，并指明其"生居海穴"。其中旷野大将属北方天王八大药叉将之一。般支迦大将同属八大药叉将，且为二十诸天之一。此尊为诃利帝母之子，或谓其夫，与所辖二十八部药叉巡行世间、赏善罚恶。矩畔拏意译为瓮形鬼，属南方天王所领鬼众之一。第4类诃利帝母名欢喜，属药叉类，亦为二十诸天之一[3]。药叉则属北方天王所领鬼众之一，以勇健、轻捷为特征。

L39阿修罗众的奉请辞特别提到了"大力阿修罗王"，即大罗睺阿修罗王，并指出其形象为"手持日月，忿怒全身"。佛教诸经多有阿修罗王障日月而成蚀的记载，与罗睺之说相仿。其常见形象则为四臂或六臂，其中二臂合掌，二臂上举，分持日月。永安寺此幅持幡天女后绘6神，分前后两排布置。前排左3、后排左1、左2均为手托日月的阿修罗王形象。另3尊形态各异，袍服分青、红、绿诸色，呼应于《仪文》奉请辞之"变化无穷"。《图像》此幅绘作阿修罗王形象者则增至4尊，使画面略显拥挤。

L40~L41罗刹男与罗刹女形象有别，前者貌丑而后者美而可畏。L40为大罗刹。永安寺持幡天女后绘5神，分前中后三排布置。前、中两排4尊皆相貌狰狞，面色分黑、红、绿、青，且须发飞扬、手持兵器。后排戴大帽、面色白净者则颇为特殊。其帽恐由原先拟绘的幞头增补而来，因此在额前和两侧弧度相反，画面亦存涂改痕迹。然而在《图像》中，此尊原为人面鸟冠形象，可能与传说中的罗刹鸟相关[4]。根据笔者对永安寺壁画的断代推测，其原因可能在于明代壁画已将鸟冠绘作彼时流行的大帽。乾隆时期的画工对此加以临摹后，因为对明代冠服不甚了解，所以在施绘时先从常见的幞头入

[1] 〔唐〕释道世. 法苑珠林//大正新修大藏经：第53册：308.

[2] "阎浮提外南方海中有琉璃山……其山树神名曰无胜，有罗刹女名曰善行……是二女人常共供养如是三兽（毒蛇、马、羊）……西方海中有颇梨山……中有火神，有罗刹女名曰眼见……是二女人常共供养是三鸟兽（猕猴、鸡、犬）……北方海中有一银山……山有风神名曰动风，有罗刹女名曰天护……是二女人常共供养如是三兽（猪、鼠、牛）……东方海中有一金山……山有水神名曰水天，有罗刹女名修惭愧……是二女人常共供养如是三兽（师子、兔、龙）"，见（北凉）释昙无谶，译. 大方等大集经//大正新修大藏经：第13册：167-168. 此十二兽除虎转为狮子外，在内容和方位上均与十二元辰对应。

[3] 《根本说一切有部毗奈耶杂事》对其本生有详细记载。此尊在唐密典籍中"作天女形，极令妹（殊）丽。身白红色天缯宝衣，头冠耳珰，白螺为钏，种种璎珞庄严其身"，见〔唐〕释不空，译. 大药叉女欢喜母并爱子成就法//大正新修大藏经：第21册：286.

[4] "相传墟墓间太阴，积尸之气久，化为罗刹鸟，如灰鹤而大，能变幻作祟，好食人眼，亦药叉、修罗、薜荔类也"，见〔清〕袁枚. 子不语[M]. 上海：上海古籍出版社，1998：44-45.

图3-11 首都博物馆藏清代"鬼子母尊天"

图片来源：北京市文物局，编．北京文物精粹大系：佛造像卷 下：171.

手，后据画稿进行修改。L41为罗刹女。按《佛说守护大千国土经》之说，"如是等诸罗刹女皆具威德，有大光明，现可畏形。各持战具十方驰走，食啖于人及诸生命"[1]。永安寺持幡天女后绘5神，分前后两排布置。诸女形容俊美，但披头散发、手持利剑。其中3女以蛇为头饰，与以龙、蛇为庄严的明王、护法相仿。《图像》前排左1则以蛇为头、项之饰，较壁画更为可怖。

L42~L44均为男相，壁画对诸尊衣饰进行了着意渲染，在锦纹和色彩的使用上尤为丰富。L42旷野大将即旷野鬼神大将阿咤薄俱。永安寺此幅持幡天女后绘9神，分前中后三排布置。在唐密典籍中，旷野大将现多面多臂忿怒相，所持兵器亦较为多样[2]。《图像》诸旷野大将虽然皆绘作一面二臂的武将形象，但所持兵器仍然类型众多。永安寺诸尊同样为武将形象，其兵器则悉数简化为剑。L43般支迦大将即散脂大将、半支迦。永安寺此幅持幡天女后绘5神，分前后两排布置。诸尊衣冠各异，部分面露狰容。前排左1持蛇与幡，左2持剑与弓；后排3尊兵器依旧统一为剑。L44矩畔拏即鸠槃荼。永安寺此幅持幡天女后绘5神，分前后两排布置。据奉请辞"生居海穴"之说，在其手中添加了宝珠、珊瑚等海中珍宝。诸尊卷发虬髯、高鼻深目，以及

佩戴多彩尖帽、耳饰等细节，当参考了同期流行的胡人献宝题材。前排左1、左2所戴狮、象冠饰较为奇特，可能参考了大药叉的冠饰（见图L46）。《图像》矩畔拏并无此类冠饰，但部分身躯未被衣袍遮掩，露出森森白骨。

---

[1] 〔宋〕释施护，译．佛说守护大千国土经//大正新修大藏经：第19册：583.

[2] "身黑青色，身长丈尺，四面……身悬蛇，八臂，左上手执轮，次执槊，次与右第三手当前合掌作供养印，次下手执索，右上手执跋折罗，次下手执棒（棒），次下手作印，次下手执刀，即腕臂上皆缠蛇……其神作极恶相"，见〔唐〕释善无畏，译．阿咤薄俱元帅大将上佛陀罗尼经修行仪轨//大正新修大藏经：第21册：194.

　　L45～L46为男女药叉。L45诃利帝母即鬼子母。永安寺此幅持幡天女后绘人物11名，分前中后三排，包括诃利帝母及眷属7名、婴儿2名、药叉1名。诃利帝母现贵妇相，手持笏板。眷属5女2男，其中2女怀抱婴儿，男性眷属的出现则不甚合理。同时，中排身青色、头顶有5名婴儿探头张望的药叉也较为特殊。此组婴儿仅现头部，且尺度过小，不似独立人物，可能暗示了诃利帝母赐子神的身份[1]。《图像》此幅并无男性眷属及上述药叉，但绘有雷神形象的有翼鬼卒1名，背负着诃利帝母的爱子[2]。首都博物馆藏清代水陆卷轴画之"鬼子母尊天"同样含此鬼卒（图3-11）。L46药叉即夜叉。《大吉义神咒经》对其形象进行了描述："有诸夜叉、罗刹鬼等作种种形，师子、象、虎、鹿、马、牛、驴、驼、羊等形……或持矛、戟并三奇叉，或时捉剑，或捉铁椎，或捉刀杖"[3]。永安寺此幅持幡天女后绘6神，分前中后三排布置。诸尊形态各异，手持多种兵器。前、中两排左1分别戴狮、象二冠，与文献记载相合。

[1]　李翎. 水陆画中的鬼子母图像[J]. 吐鲁番学研究，2017（2）：82-98.

[2]　重泰寺借用此幅版画绘制的图像题为"普天烈妇女子众"，内容与主题相去甚远。

[3]　〔北魏〕释昙曜，译. 大吉义神咒经//大正新修大藏经：第21册：575.

四　冥府神鬼与超度对象图像特征

（一）西、南两壁的冥府神鬼

表4-1　《仪文》对冥府神鬼的描述（《仪文》与《图像》顺序略有出入，此处以后者为参照）

编号/名号		《仪文》"命请冥殿十王仪"奉请辞
PR3	地藏王菩萨	现居阴界，摄化冥途，具万德相好之严身，得无生法忍之妙乐；振无声锡击开地狱之门，掌不夜珠照破昏衢之暗。
R26	秦广大王	威严叵测，利益难量，各摽万德之尊，位列十王之首；推穷罪类，引勘囚徒，问众生所作因缘，理凡夫修何果报。
R27	初江大王	悲生有愿，济苦无伦，德摽江海之渊深，性净秋蟾之洁白；名持第二，次理幽关，每朝决责于衔冤，晓夜琢磨于限部。
R28	宋帝大王	身虽忿怒，心抱慈悲，愍观众苦之缘，俯鉴诸愆之至；三涂急运，六道忙然，难容巧说之流，不许奸讹之辈。
R29	五官大王	法崇一正，德号五官，据其善恶之高低，量以生杀之轻重；双童侍卫，群卒虔恭，每怀恻怆之心，常愍愚迷之苦。
R30	阎罗大王	威光赫赫，圣力雄雄，衣披天地之星辰，冠戴江河之日月；位拯九五，化满三千，令人人改往修来，使一一舍邪归正。
R31	变成大王	明明有显，一一无差，常将宝镜以彰悬，鉴察众生之善恶；囚人叹惜，罪士嗟呼，因十恶而条法加刑，为群迷而积成限簿。
R32	泰山大王	人天普仰，鬼神咸钦，胸如江海之渊深，德若须弥之高大；眉愁塞海，目怒驱山，察众生善恶之因，鉴有情苦乐之报。
R33	平等大王	号摽平等，德尚仁慈，护生于鞭挞之间，诚劝向苦刑之际；深怀大愿，恒抱悲心，嗟吁地狱天堂，只在恶缘善报。
R34	都市大王	位专交易，号都市王，受命于琰魔之间，著功向金山之外；周年之主，一岁之君，幽关为决正之神，地府作断冤之圣。
R35	转轮大王	无边行愿，有大威神，慈悲利益于群生，永作轮回之主宰；常居阴界，摄化冥途，留形于刹土之中，传声向普天之下。
R36～R40	判官、官曹	威灵可畏，正直难欺；为阳道追摄之神，作阴司主典之使。
		幽冥主宰，善恶部官；定罪福以无差，逐业缘而有鉴。

　　传法正宗殿后3组之六凡均身处冥府，其中第4组冥府神鬼以地藏王菩萨为导引，以冥王、判官及各类地狱为主体。此组图像分布在西壁和南壁西梢间，与阿修罗众相对，并与五岳河海诸神相接（表

4-1）。与《图像》相比，壁画中冥府神鬼的持物、衣冠等同样存在一定程度的调整，但整体而言变化有限，纹饰、色彩的运用也较为收敛。

PR3地藏王菩萨在《仪文》中被尊为"释罪尊师大慈悲地藏王菩萨"。《仪文》奉请辞特别提及的"道明"和"长者"，即《仪文·杂文》"请十王"中的"道明和尚"及"大辩长者"。永安寺此幅持幡天女后绘人物3名，分别为地藏菩萨及上述胁侍。地藏菩萨为正面像，右手握"无声锡"，足踏莲台，身旁有谛听相伴。此尊与其他菩萨有别，未戴宝冠、未设背光，且衣饰相对朴素，与《仪文》"邀请正位"奉请辞中的"顶圆僧相"形成呼应。与此相比，《图像》之地藏菩萨则设有背光。永安寺道明和尚及大辩长者2胁侍恭敬侍立于菩萨身边，在衣饰、色彩上较《图像》略显华丽。

1. 冥殿十王/R26～R35

十王信仰在晚唐、五代时期的敦煌地区已然兴起，敦煌写本《佛说十王经》即可作为参考。据唐藏川《佛说地藏菩萨发心因缘十王经》记载，冥殿十王为诸佛、菩萨、明王在冥途所化现，分别掌管亡人自初七日到三周年之间的不同时段[1]（表4-2）。藏川所述《预修十王生七经》与之类似，亦称人命终后要在冥途中依次经过冥府十殿，接受十王审判。在《仪文》奉请辞对都市大王的描述中，同样指其为"周年之主，一岁之君"。因为冥殿十王的职司主要在于根据亡者生前的善恶给予相应赏罚，所以奉请辞特别强调了其公平与慈悲。太岳区旧藏一堂明末清初水陆画中，相应表达了第五殿阎罗王下方亡人仰观业镜、第九殿都市王下方男女造经修福的场景（图4-1）。

表4-2　《佛说地藏菩萨发心因缘十王经》对亡人三年间在十殿经历的描述

编号/名号		本尊	亡人经历	时段
1	秦广王	不动明王	一七亡人中阴身，驱将坠懂数如尘；且向初王齐捡点，由来未度奈河津。	初七
2	初江王	释迦佛	二七亡人渡奈河，千群万队涉江波；引路牛头肩挟棒，催行马头腰擎叉。	二七
3	宋帝王	文殊菩萨	三七亡人转恓惶，始觉冥涂险路长；各各点名知所在，群群驱送五官王。	三七
4	五官王	普贤菩萨	五官业秤向空悬，左右双童业薄全；轻重岂由情所愿，低昂自任昔因缘。	四七
5	阎魔王	地藏菩萨	五七亡人息净声，罪人心恨未甘情；策发仰头看业镜，悉知先世事分明。	五七
6	变成王	弥勒菩萨	亡人六七滞冥途，切怕坐人警意愚；日日只看功德力，天堂地狱在须臾。	六七
7	太山王	药师佛	七七冥途中阴身，专求父母会情亲；福业此时仍未定，更看男女造何因。	七七
8	平等王	观音菩萨	亡人百日更恓惶，身遭枷械被鞭伤；男女努力造功德，从兹妙善见天堂。	百日
9	都市王	阿閦佛	一年过此转苦辛，男女修齐福业因；六道轮回仍未定，造经造佛出迷津。	周年
10	五道转轮王	阿弥陀佛	后三所历是关津，好恶唯凭福业因；不善尚忧千日内，胎生产夭亡身。	三年

[1]　〔唐〕释藏川，述. 佛说地藏菩萨发心因缘十王经//卍续藏经：第150册：770-776.

图4-1　山西博物院藏明末清初"五阎罗"及"九都市"图像
图片来源：太岳区旧藏

　　R26~R35冥殿十王在永安寺壁画中的构成较为一致，持幡天女后均绘人物3名，包括各殿阎君及臣僚2名。整体看来，位列中央的第5殿阎罗大王和第6殿变成大王绘作冕旒衮服的帝王形象，余者均为顶戴梁冠的王公相。同时，十王除第8殿平等大王为正面像外，余者均取侧面像。具体而言，R26第1殿秦广大王白面，披青袍。R27第2殿初江大王红面，披浅红袍。R28第3殿宋帝大王白面，披绿袍。R29第4殿五官大王白面，披红袍。R30第5殿阎罗大王黑面，披黑袍。R31第6殿变成大王白面，披橙袍。R32第7殿泰山大王白面，披青袍。此王与其侧眷属并列，较之《图像》略显主次难分。R33第8殿平等大王白面，披红袍。R34第9殿都市大王白面，披绿袍。R35第10殿转轮大王面色偏深，披褐袍。十王臣僚普遍为文官、武将形象。文官戴梁冠、幞头或束发冠；武将普遍穿常服，着皂靴。

　　在绘作帝王相的两王中，阎罗大王即阎魔王、阎摩罗王，其身份的特殊性较易理解。此尊不仅为二十诸天之一，而且其本尊地藏菩萨亦与冥界休戚相关，更为此组神鬼的导引菩萨。《仪文》奉请辞相应称其"衣披天地之星辰，冠戴江河之日月"；"位拯九五，化满三千"。至于变成大王地位的提升，除居中的位置外，还可能与其本尊弥勒，即慈氏菩萨有关。此菩萨曾经发愿，在成佛时当拔济众生于阿鼻地狱。如《佛说慈氏菩萨誓愿陀罗尼经》所载："时慈氏菩萨复发愿言，若有众生于未来世末法之时，能读诵受持者，设以宿业堕阿鼻狱者，我成佛时当以佛力救拔出之"[1]。同类图像中，故城寺冥殿十王分为"秦广五王圣众"和"阎罗五王圣众"两幅，每幅一尊绘作帝王相，余者同样为王公相。根据榜题分析，现帝王相者分别为第1殿秦广大王和第5殿阎罗大王。现藏智化寺智化殿、原绘于崇文区卧佛寺后殿的明代"地藏菩萨"壁画内，冥殿十王立于地藏两侧，每侧同样有一尊绘作帝王相，其中一尊亦当为阎罗大王。

2. 判官与官曹/R36～R40

冥殿十王的主要臣僚分为4类，以5幅图像表达。第1类地府判官在奉请辞中亦称"三司六案"[2]，与旧时三司六部一类的官僚体系相对应，其中六曹判官在五代时已有供奉[3]。《仪文》特指其"威灵可畏，正直难欺"。第2类为五道将军。如《冥报记》所载，阎罗王—太山府君—五道神的关系，类似天子—尚书令—诸尚书的关系。在冥殿十王中，主司轮回的第十殿"五道转轮王"亦被认为是"转轮圣王"与五道将军的结合[4]。第3类善恶二部在《仪文》奉请辞中亦称"善恶簿官"，为记录善恶的两名童子[5]。《佛说预修十王生七经》言明修斋者需"奏上六曹，善业童子，奏上天曹地府官等，记在名案"[6]。第4类为牛头马面。《楞严经》有"牛头狱卒、马头罗刹"[7]的记载；《仪文·杂文》"请十王"亦含"牛头马面卒吏"之说。

R36～R38地府判官与天曹同类设置相呼应。R36为六曹判官。永安寺持幡天女后相应绘判官6名，分前后两排布置。诸判官均现文官相，戴幞头，各持案卷、纸笔，部分幞头同样有两脚上翘的戏剧化特征。前排两名判官颇具动态，一名展开案卷，另一名正在其上圈点。同时，诸尊袍服色彩丰富，部分在《图像》基础上增加了补服，时代特征更加鲜明。画工为突出地府特色，还通过相貌的调整和面色的渲染，使部分判官更显狰狞。其中前排右1青面红髯、双眼圆瞪、龇牙咧嘴，尤为可怖。R37、R38分别为三司、都司判官。持幡天女后均绘判官3名，整体形象与六曹判官相仿，部分仍着补服。判官持物包括案卷、书卷两类，面色则分绿、白、黑、红诸种。

R39五道将军亦称"五道大神"或"五道神"，与明《新刻出像增补搜神记》等文献记载中的"五盗将军"有别。永安寺此幅持幡天女后相应绘将军5名，分前后两排布置，所处位置与《图像》有所偏差。诸尊均甲胄在身，纹饰刻画细致，金饰与色彩的搭配也较为协调。具体而言，前排右1黑面，持刀。右2面色偏红，持剑。右3白面，持钺。后排右1黑面，持剑。右2白面，持剑。

R40含善恶二部、牛头马面两类人物。永安寺持幡天女后绘人物4名，分前后两排布置。前排右

[1]　〔宋〕释法贤，译. 佛说慈氏菩萨誓愿陀罗尼经//大正新修大藏经：第20册：600.

[2]　按元至元二十二年（1285）《蒿里七十五司神房志》记载，三司分别为"判所隶司、判磨勘司、判都察司"；六案则为"判闵众案、判苦楚案、判□□案、判保刑案、判功德案、判注生案"，见〔清〕金棨. 泰山志，卷18[M]. 嘉庆刻本.

[3]　后周广顺三年（953）《判官堂塑像记幢》有："命匠者审运丹青，澄神绘塑，遂于堂内塑六曹判官并神鬼侍从"，见〔清〕董诰，等，编. 全唐文，卷11[M]. 北京：中华书局，1983：2061.

[4]　罗世平. 地藏十王图像的遗存及其信仰[G]//荣新江，主编. 唐研究：第4卷. 北京：北京大学出版社，1998：400-401.《仪文》之"召请五道大神仪"同样有"禀英雄之正气，主庙食之幽权；悬业镜于九泉，开生笼于六道"之说。与此同时，还言明五道将军的职司包括"警巡都统"。

[5]　按《仪文》所述，善恶童子与第4殿五官大王的关系尤为密切。五官大王的奉请辞含"双童侍卫"，《佛说地藏菩萨发心因缘十王经》对五官王的描述同样包括"左右双童业薄全"。

[6]　〔唐〕释藏川，述. 佛说预修十王生七经//卍续藏经：第150册：778.

[7]　〔唐〕释般剌蜜帝，译. 大佛顶如来密因修证了义诸菩萨万行首楞严经//大正新修大藏经：第19册：144.

1、右2为善恶童子，手执记录善行与恶行的文簿，以体现主宰幽冥、评判善恶的职司。如前述《楞严经》所载，"善恶童子手执文簿，辞辩诸事"。另两名均为狱卒，即持三股叉的牛头和持狼牙棒的马面。榜题中的"阿傍"为牛头名号，如《五苦章句经》所述，"狱卒名傍，牛头人手，两脚牛蹄；力壮排山，持钢铁叉。又有三股，一叉罪人数百千万，内着镬中"[1]。《佛说地藏菩萨发心因缘十王经》对第2殿初江王的描述同样包括"引路牛头肩挟棒，催行马头腰擎叉"。《图像》此幅与壁画大同小异，仅在个别细节上有所出入。

3. 各类地狱/R41～R44

历代佛教典籍对地狱的描述颇多，并大体将之分为3类。其一为根本地狱，亦称大地狱，含八寒地狱及八热地狱（表4-3[2]）。其二为近边地狱，即十六游增地狱，为设在每类大地狱外的十六小地狱。有罪众生游至此地，倍增苦恼，故曰游增。其三为孤独地狱。前两类地狱均有特定地点，孤独地狱则根据众生各自业报，独处于山间、旷野或树下、空中。《仪文》之"破有相无间地狱仪"另将地狱分为5类，即东方卒狱，随心所造；南方浩狱，煨火烧城；西方劫狱，风起成阴；北方黑狱，从水成冰；中央大狱，乃号阿鼻（Avīci）。"水陆牌像"及相应图像则将诸狱分为八寒、八热、近边、孤独4类。

表4-3　八寒地狱和八热地狱的名称与特征

编号/名称		八寒地狱特征	编号/名称		八热地狱特征
1	頞浮陀	极寒逼身，使身上生疱	1	活大地狱	遇种种斫刺磨捣，被凉风吹而苏醒，等于前活
2	尼罗浮陀	严寒逼身，使身分疱裂	2	黑绳大地狱	先以黑绳秤量肢体，而后斩锯
3	呵罗罗		3	合会大地狱	众多刑具俱来逼身，合党相害
4	阿婆婆	逼于严寒而发出此3类寒战声	4	叫唤大地狱	逼于众苦发悲号叫声
5	睺睺		5	大叫唤大地狱	逼于剧苦更发大哭声
6	沤波罗	严寒逼迫，身分折裂如青莲花	6	热地狱	火随身起，炎炽周围，苦热难堪
7	波头摩	身分折裂，如红莲花	7	大热地狱	热中之极，故名大热
8	摩诃波头摩	身分折裂，如大红莲花	8	阿鼻地狱	意译为无间地狱，即受苦无间

R41～R44四类地狱在永安寺壁画及《图像》中，主要通过数名手持刑具、兵器的鬼卒表达，与《仪文》之"十八典狱王"及太岳区旧藏清初水陆画中的"十八狱主"相当（图4-2）。因为身陷地狱的人伦、孤魂另有系列图像表达，所以此处并未涉及。R41为八寒地狱。永安寺持幡天女后绘鬼卒4名，分前后两排布置，各持三股叉、枷锁等。前排3鬼身色分别为绿、黑、青，部分露出尖牙，更显狞厉可畏。R42～R44为八热地狱、近边地狱、孤独地狱。永安寺持幡天女后分别绘鬼卒5、4、5名，均分前后两排布置。众鬼面貌狰狞、身色各异，持多种兵器，部分兵器显然进行了艺术加工。

---

[1] 〔东晋〕释竺昙无兰，译. 五苦章句经//大正新修大藏经：第17册：547.

[2] 译名见〔后秦〕释鸠摩罗什，译. 大智度论//大正新修大藏经：第25册：176–177.

图4-2 山西博物院藏清康熙八年/1669 "十八狱主"
图片来源：太岳区旧藏

（二）东、南两壁的往古人伦

传法正宗殿第5组往古人伦以引路王菩萨为导引，绘于东壁和南壁东梢间，与阿修罗众相接（表4-4）。同《图像》相比，壁画中的人伦更动较大，在数量、持物、衣冠、性别上均有体现。由于画工对图像内涵缺乏理解，系列改动遂使部分人物的身份难以辨识。同时，由于此组图像位于壁面下层，且处在造像前部的参礼空间内，较为引人注目。故而画工特意为其添加了大量纹饰和缤纷的色彩，并未顾及部分人物的特殊性。

PL3引路王菩萨为极乐世界的接引菩萨。依《仪文》奉请辞所述，将引导身陷地狱的帝王将相、三教九流等往生极乐。永安寺此幅持幡天女后绘人物3名，分别为引路王菩萨及其随侍2名。菩萨双手交叠，背光具足、体挂花鬘，其天衣因画工疏忽而绘作半红半绿。同时，菩萨足下未设莲台，跣足踏于地上。随侍均设背光，亦不甚合理。《图像》此幅则菩萨双手合十，足踏莲台；随侍亦无背光之设。

表4-4 《仪文》对往古人伦的描述（《仪文》与《图像》顺序略有出入，此处以后者为参照）

编号	名号	《仪文》"召请往古人伦仪"奉请辞
PL3	大圣引路王菩萨	手擎宝盖，体挂花鬘；接引众生，归极乐界。
L47	往古帝王一切王子众	轮王五帝，盘古三皇；周秦汉魏，高唐晋宋，齐梁霸主（往古圣德明君众）。
L48	往古妃后宫嫔婇女众	往古妃后，婇女夫人，或争一拜而异国酬冤，或运机关而图谋位次；致使君王见怒，耻辱其身，脱霞帔而责向阴宫，去衣冠而罚于冷院；姿容美丽，颜貌端严，埋藏于青冢之间，践踏于马嵬之下。
L49	往古文武官僚众	文王定礼，教训儒流，游七国以推贤，定二仪之蠥隲；温良俭让，礼义柔和，狄仁杰以安民，张子房之奉主；名传千古之中，德镇他邦之外，显清洁而投向汨罗，摽孤高而亡于易水（往古协赞臣僚众）。
L50	往古为国亡躯一切将士众	武王定乱，治国安邦，立周朝社稷千年，摽史记名传万古；明修栈道，暗使机关，渡陈仓而直入西秦，仗圣德而横冲北塞；或三军荡散一命难逃，或落马而丧于沙场，或中枪而殒于旗下。
L51～L52	往古比丘众、比丘尼众	舍家僧行，弃俗尼童，或抛父母而远去云游，或别亲知而参禅问道；诸方论义，随处寻师，挑囊负钵而杖杖驱驰，涉水登山而往来辛苦；或烧身炼臂，或为法亡躯，不遇胜缘，徒劳丧命。
L53～L54	优婆塞众、优婆夷众	未单独列出

编号	名号	《仪文》"召请往古人伦仪"奉请辞
L55	往古道士众	修真道士，炼行女冠，或居宫观而设醮登坛，或住山岩而餐松啖栢；或修身养命，或炼药烧丹，或施工巧而艺术千般，或乃书符而祛除百病；致使仙方不遇，大道难成，或开造药炉而进火烧身，或吞霞服气而乘空丧命。
L56	往古女冠众	
L57	往古儒流贤士众	儒流高士，聪慧明贤，或悬头刺股于纱窗，或凿壁偷光于漏舍；三冬学义，七步成章，积雪影而看书，聚荧光而立志；盖因身微命薄，金榜无名，羞惭而懒去家乡，畅惕而身遭命表。
L58	往古孝子顺孙众	恩深孝子，义重贤孙，母思鱼食而身卧寒冰，娘忆笋餐而血泣冻地；丁兰母丧，刻木而奉敬如存，董永家贫，卖身而孝心殡葬；是以埋子郭巨，嘉声普概于千春，割肉阇提，证果留名于万古。
L59	往古贤妇烈女众	三贞九烈，女妇贤良，寻夫婿而哭磊长城，葬孤贫而裙包细土；心同皎月，志似寒霜，为亡夫而独守空房，佐明君而身为女将；抚琴掷印，抱石投江，名传于千古之中，命丧于九泉之下。
L60	往古九流百家众	遍周沙界，处处人伦，或居平地于原川，或住深山于岩穴；经商市肆，家荣豪贵以尊严，士庶黎民，身贱贫穷而丑陋（往古法界人伦众）。

1. 帝王将相/L47～L50

往古人伦中的帝王将相包括帝王、后妃、臣僚、将士等，分别以4幅图像表达。就帝王而言，《仪文》奉请辞的描述主要包括三皇五帝和历代明君。在《仪文》"召请往古人伦仪"综述内，另有"上自三皇，下该五帝；明王圣主，次第相承"之说。就后妃而言，"埋藏于青冢之间，践踏于马嵬之下"专指名留史册的王昭君和杨玉环。同时，还增加了身处"阴宫"、"冷院"之众[1]。就臣僚而言，《仪文》特别强调了在官僚体系中扮演着重要角色的儒家。奉请辞起始即为世传制定周礼、"教训儒流"的周公，以及"游七国"之孔子[2]。另含狄仁杰、张良等名臣，以及"投向汨罗"的屈原和"亡于易水"的荆轲[3]。就将士而言，《仪文》所述以名将为主，包括"治国安邦"的姜尚；献计"暗度陈仓"的韩信，以及"仗圣德而横冲北塞"的卫青和霍去病[4]。同时，亦强调了将士战死疆场的惨状。

L47含历代帝王及王子。永安寺此幅持幡天女后绘人物9名，分前后两排布置。前排4人在不同典籍中均被列入"三皇"。左1戴翼善冠、披红袍者为炎帝神农氏，以袍服色彩与其名号之"炎"呼应。《图像》则以所持谷物引出炎帝尝百草之典。左2黑色身，披叶衣者为太昊伏羲氏，以所持罗盘体现其创造八卦的典故。《图像》伏羲则持占卜所用蓍草，与八卦同理。左3披叶衣，形象与伏羲接近者为传说中伏羲的血亲和妻子女娲，以所持人偶体现其抟土造人的典故。《图像》无此人物。左4戴冕旒冠、

[1] 道教黄箓斋仪文《上清灵宝大法》所召孤魂内，后妃嫔御中同样提到了"至如青冢之殡难归，马嵬之变罔测"。此外，另有司马相如《长门赋》、白居易《上阳白发人》所涉备受冷落的陈阿娇和上阳宫女，见〔宋〕金允中. 上清灵宝大法//李远国，主编. 中华道藏：第34册：260.
[2] 周公和孔子另见于《仪文》"召请往古人伦仪"综述和《仪文·杂文》"大会"。
[3] "亡于易水"与"风萧萧兮易水寒，壮士一去兮不复还"呼应。《仪文》"召请孤魂仪"综述中另有"仿屈原于湘江之畔，终作楚魂；送荆轲于渭水之滨，永为秦鬼"。
[4] 《上清灵宝大法》所召历代将帅另含"三箭而定天山"之薛仁贵、"七擒而伏南房"之诸葛亮。

披黄袍者为黄帝轩辕氏，以袍服色彩与其名号之"黄"呼应。《图像》黄帝的形象与此相近。后排5人与"五帝"对应，可能泛指"次第相承"的帝王和王子。

L48主要包括历代后妃。永安寺此幅持幡天女后绘人物7名，分前后两排，含后妃3名、随侍2名、仪仗2名。前排3名头戴凤冠、手持笏板者为后妃，均姿容端严、身着华服。左2面颊微胖者应为《仪文》提及的杨玉环。左1、左3身份不详，其中一名可能为《仪文》提及的王昭君。其于《图像》中原本双手合十，作礼拜状。后排2随侍各捧香炉及盒；2仪仗举仪仗扇，饰云纹。《图像》仪仗扇原绘双凤纹，与后妃的身份更为相称。

L49文武官僚在《仪文》中亦称"往古协赞臣僚"。永安寺此幅持幡天女后绘人物8名，分前中后三排布置，每排各3、2、3人。前排左2、左3当为文武二圣孔子和关羽，后者亦称"崇宁护国真君"，在公主寺、毗卢寺水陆画中均含此尊（图4-3）。永安寺孔子为王公形象，戴梁冠、持笏板，披黑袍。关羽则五绺长髯、戎装在身。中排左2应为关羽随侍周仓，其手中正高举着标志性的"青龙偃月刀"。后排左3绘作黑面武官者在《图像》中

图4-3　毗卢寺壁画"崇宁护国真君"
图片来源：康殿峰. 毗卢寺壁画：34.

更近于文官，其形象与同期版画所绘周公较为相近，《仪文》亦多次提及周公。其余4人恐泛指历代文武官员。

L50以将士、忠臣为主体。永安寺此幅持幡天女后绘人物7名，分前中后三排布置，每排各3、3、1人。虽然画工精良，但因重要标志的缺失而使部分人物的身份难以辨识。前排左1执羽扇、披黑袍者为诸葛亮。左2衣袍厚重者身份难辨。然而《图像》此人手持旄节，显然为苏武形象。左3黑面、持钢鞭者可能为尉迟敬德。中排左1披绿袍老者似为《仪文》提及的姜尚，在毗卢寺壁画"往古忠臣良将"中，亦含诸葛亮和姜尚[1]。左2披红袍者身份不明。但《图像》此人持剑，可能为《仪文》提及的韩信，因《史记》有"及项梁渡淮，信仗剑从"[2]。左3披浅红袍、持管吹奏者可能为《仪文》屡次提到的张良。在楚汉垓下之战中，张良曾献计以四面楚歌吹散"八千楚卒"。《图像》此人为顶扎双髻的道士打扮，与张良曾遇黄石公授书，后解形登仙的传说呼应。后排红面者仅现头部。对比《图像》可知，此人原为专诸，以所捧之鱼引出鱼肠剑之典。在同类图像中，诸葛亮、苏武、专诸的形象均较为常见。

2. 三教人物/L51～L59
往古人伦中的三教人物在永安寺壁画中分别以4、2、3幅图像表达，对佛教有一定侧重，但《仪

[1]　康殿峰. 毗卢寺壁画：236–238.
[2]　〔汉〕司马迁. 史记，卷92//景印文渊阁四库全书.

文》所引儒家典故则更为多样。其中佛教体系包括比丘、比丘尼、优婆塞、优婆夷四众，即出家修行的僧尼，以及在家修行的男女居士。《仪文》奉请辞"徒劳丧命"之说，暗指其未得解脱。道教体系包括道士、女冠两类人物，奉请辞同样有"仙方不遇，大道难成"，以及"进火烧身""乘空丧命"之说。儒家体系含三类人物。其一儒流贤士中，奉请辞之"金榜无名"、"身遭命丧"一说仍表明其未得解脱。其二孝子顺孙多数出自二十四孝。同时，还特别增加了须阇提太子割肉济亲的佛教典故。其三贤妇烈女中，奉请辞所涉多为儒家推崇的节孝妇女。

L51~L54为佛教人物。永安寺此系列图像被画工进行了着意加工，将僧尼袈裟的色彩、纹饰渲染得过于华丽。L51为比丘。永安寺持幡天女后绘人物6名，分前中后三排，每排各1、3、2人，包括比丘5名，行者1名。前排行者肩挑经书，其后比丘内，中排左3貌若比丘尼。在《图像》中，比丘的性别特征分明，且部分增加了手持念珠的细节。L52为比丘尼。永安寺持幡天女后绘人物7名，分前后两排布置，包括比丘尼3名，比丘2名，尼童2名。由此可见，此幅出现了明显疏漏，两名须发毕现的比丘本不应绘入此图。通过比较可知，《图像》显然无此问题。L53、L54为优婆塞、优婆夷。永安寺持幡天女后分别绘人物7、6名，均分前后两排布置。优婆塞图中主要人物同故城寺此幅有相似之处，其服饰各异，多数合十而立；永安寺另含书童1名。优婆夷则悉数合十，服饰变化相对较小。

L55~L56为道教人物。永安寺此组图像同样对相关人物的服饰、色彩进行了大量润色。L55为道士。永安寺持幡天女后绘人物7名，分前后两排布置。画面中包括真人、神仙等，其服饰、持物也呈现出鲜明的道教特征。前排左1顶扎双髻、披红袍、持桃者可能为钟离权。《图像》此人持葫芦，与钟离权形象更为接近。左2背剑、披黄袍者可能为吕洞宾。后排左4持桃老者或为东方朔。《图像》此人表情生动，更近于东方朔偷桃的神态。钟离权、吕洞宾、东方朔的加入体现出彼时流行信仰的影响。就八仙而言，其图像可能借鉴了同期绘画作品中，钟离权度化吕洞宾的常见题材。就东方朔而言，则因其才思敏捷，寿比南山而广为人知。L56为女冠。永安寺持幡天女后仍绘人物7名，分前后两排，包括女冠6名，随侍1名。前排左1持如意者姿势较为特殊。参考《图像》可知，其手中原持手炉。

L57为儒流贤士。《仪文》奉请辞用典7则，其中"悬头"为汉孙敬典故、"刺股"为战国苏秦典故、"凿壁偷光"为西汉匡衡典故、"三冬学义"为西汉东方朔典故、"七步成章"为三国曹植典故、"积雪影"为晋孙康典故、"聚荧光"为晋车胤典故。永安寺持幡天女后绘人物8名，分前后两排布置，包括贤士7名，随侍1名。贤士服饰各异，其数量的设置可能与《仪文》有所对应。然而后排左5之女性形象不合常理，《图像》亦无此女。同时，后排左3之持箭随侍也较为突兀。《图像》此人原为身背书卷的书童，其左肩的背带可能被永安寺画工误认为箭杆。

L58为孝子顺孙。《仪文》奉请辞有5则典故出自二十四孝，包括王祥卧冰求鲤、孟宗哭竹生笋、丁兰刻木事亲、董永卖身葬父、郭巨为母埋儿。在毗卢寺水陆画中，尚有老莱子戏彩娱亲、仲由为亲负米诸典（图4-4）。永安寺持幡天女后绘人物11名，分前中后三排布置，每排各2、4、5人，其中含成人7名，儿童4名。虽然绘制精良，但至关重要的孝子身份均难以辨识。整体而言，此幅当描绘出一个三世同堂、父慈子孝的理想家庭。画面中包括老年夫妇；作为其子榜样的4名孝子；儿媳，以及不同年龄的孙辈。中排左2、左4为老年夫妇；二者之间左3童子及前排两名童子应为其孙，其中前排左2在《图像》中原为女童。后排左4怀抱婴孩者当为儿媳。中排左1手捧元宝的孝子身份难辨。《图像》此

图4-4　毗卢寺壁画"往古孝子顺孙"
图片来源：康殿峰．毗卢寺壁画：239．

人捧鱼，当为《仪文》提及的王祥。后排左1无身份标识。《图像》此人持竹叶，当为《仪文》所涉孟宗。左2绘作持叶形扇妇女。《图像》则为披鹿皮、持箭的郯子，出自二十四孝郯子鹿乳奉亲典故。左3绘作捧婴儿妇女。《图像》此人原捧女像，显然为《仪文》提及的孝子丁兰。

　　L59为贤妇烈女。《仪文》奉请辞用典7则，其中"哭磊长城"为孟姜女典故、"裙包细土"为赵贞女典故、"独守空房"可能出自引斧断臂的王凝妻李氏典故[1]、"身为女将"为花木兰典故、"抚琴"可能为蔡文姬典故、"掷印"当为汉献帝皇后曹节典故、"抱石投江"应为浣纱女典故。永安寺持幡天女后绘人物7名，分前后两排布置。诸女服饰尤为繁复，但存在华服与身份不符、持物含混等问题，甚至将其中一女绘作男相。参考《图像》推测，此幅烈女可能原与《仪文》一一对应。壁画前排左1兜起罗裙者应为赵贞女，但其身披锦缎的形象难以体现贫苦无依的凄惨境遇。左2左手持元宝、右手似持锄、衣裙缀满锦纹者身份不详。《图像》此女左手持梳、右手握纸扎，可能为孟姜女。其穿着近于孝服，手中梳子可能为卸去发饰举哀的含义。左3手捧绣球者身份不明。《图像》则为抱起巨石的浣纱女。后排左1漫漶严重，《图像》亦无法辨识。对比《仪文》推测，可能为捧印的曹节。左2手持旌节的男子貌若胡人，身份不详。《图像》原为持矛女子，即女将花木兰。其衣着厚重，当为表现在塞北苦寒之地征战的背景。左3怀抱卷轴者身份不明。《图像》此女抚琴夹伞，可能为蔡文姬。左4持斧女子可能为王凝妻。

---

[1]　"凝……以疾卒于官。凝家素贫，一子尚幼。李氏携其子，负其遗骸以归。东过开封，止旅舍。旅舍主人见其妇人独携一子而疑之，不许其宿。李氏顾天已暮，不肯去。主人牵其臂而出之。李氏仰天长恸曰：我为妇人，不能守节，而此手为人执邪，不可以一手并污吾身，即引斧自断其臂"，见〔宋〕欧阳修．新五代史，卷54//景印文渊阁四库全书．

3. 九流百家/L60

L60九流百家在奉请辞的描述中主要围绕士、农、工、商四民，即平民职业展开。在《仪文·杂文》"总牒四大持符使者"中，则被归纳为"士农工商，一切人伦"。《仪文·杂文》"大会"对民间百业进行了更加详细的阐释，并指出四民"为资度日之衣粮，各习出人之艺业"。相关图像亦多在榜题中对"士农工商"有所强调（图4-5）。

依"大会"所载，九流百家"或为散乐，或作路岐（路岐人，即浪迹江湖的艺人）；或市井钻龟打瓦，或村坊设药治晖；或自说而论古谈今，或行歌而嘲风咏月；或解造逡巡之酒，或能开顷刻之花；或骋勇夸强，或殴拳弄踢；或鼓琴唱曲，或击缶讴词；或作农夫而运力耕耘，或作商贾而操心贿赂；或则推年问命，或则疗病除危；或在公门而借讼添词，或为粜籴而摩升刮斗；布帛兮来长去短，丝绵兮抑重扶轻；或在市浇泼新茶，或巡门揩磨古镜"。

1   2

图4-5　首都博物馆藏明代"往古僧道儒流三代施主士农工商"及
山西博物院藏清康熙八年/1669"士农工商"
图片来源：1北京市文物局，编. 北京文物精粹大系：佛造像卷 下：134；2
太岳区旧藏

永安寺持幡天女后绘人物13名，分前后4排，每排各2、4、3、4人。各色人物共聚一堂，其行业主要通过持物来体现。第1排左1为少年杂耍艺人。《图像》此人更近于侏儒。左2抱琴、着红袍者为乐师。《图像》此人背鼓。第2排左1持药膏者为卖药人，与上述"治晖"对应。左2持画卷者为丹青。《图像》此人将画作展开。左3持笙者为乐师。《图像》此人持琴。左4打把式者为杂耍艺人，与第1排左1匹配。第3排左1持管状物、形如比丘尼者身份不详。《图像》此人现男相，为持矩、背工具袋的木匠。左2捧琴、披绿袍者为乐师。《图像》此乐师为背琵琶、挂杖的瞽者。左3披黑袍者身份不明。《图像》此人持小刀，可能为剃工。第4排左1持棍、上托人偶，可能为傀儡戏表演者。左2持棍，上托圆团状物，可能为货郎。左3为持农具的农夫。左4现女相，可能为随乐师弹唱的歌女。

（三）西、南两壁的无主孤魂

传法正宗殿第6组无主孤魂绘于西壁和南壁西梢间，与往古人伦相对，并与冥府神鬼相接（表4-5）。《仪文》中孤魂的导引者原为面然鬼王。在"水陆牌像"和《图像》体系内，面然鬼王则因未现菩萨相而被归为鬼众。因之，《图像》和永安寺壁画中的人伦和孤魂均以引路王菩萨为导引。事实上，南宋道教黄箓斋仪文《上清灵宝大法》内，所召孤魂就将上述人伦和孤魂合二为一，其召请内容也大同小异。《图像》对孤魂形象的描绘最为生动。永安寺此系列鬼众对《图像》更动有限，但因其所处位置较为突出，故而为原本黯淡凄苦的孤魂添加了适当的装饰和丰富的色彩，人物形象的表达也更加祥和。除少数画面外，刻意隐去了饥寒、苦痛、惊惧、惶恐等惨状。同时，亦忽略了少量表达特定含义的细节。

表4-5　《仪文》对无主孤魂的描述（《仪文》与《图像》顺序略有出入，此处以后者为参照）

编号/名号		《仪文》"召请孤魂仪"奉请辞
R45	启教大士面然鬼王等众	普门示现，愿力洪深；救济饥虚，接引殍饿；运慈舟于苦海波中，引众生而俱登彼岸。
R46	主病鬼王五瘟使者众	未单独列出
R47	大腹臭毛针咽巨口饮啖不净饥火炽然众	头如泰山，腹似须弥，咽喉如针，经年劫而不闻浆水之名，永世生而非睹饭食之味；坐如枯骨，行似破车，面上火出，口内烟生，腥膻臭秽，血染脓沾，皮肉干焦，头发蓬乱（仪文综述）。
R48～R49	水陆空居依草附木幽魂滞魄无主无依众、枉滥无辜含冤抱恨诸鬼神众	未单独列出
R50	投崖赴火自刑自缢诸鬼神众	长吁叹惜，哽噎吞声，前生冤业以催煎，此世恶缘而会遇；手持短剑，强挽长绳，翁婆打骂以难禁，夫妇争强而自缢（自刑自缢）。
R51	赴刑都市幽死狴牢诸鬼神众	遭逢牢狱，系缚其身，绳绊于背阴之中，石坠于向阳之下；面门之上，遭湿纸以重封，肋扇之间，用铁锤而伤害；枷锁颈项，苦痛难当，求出离以无门，故乃因斯命丧（牢狱囚亡）。
R52	兵戈荡灭水火漂焚诸鬼神众	军前阵后，为国忧家，骋凶强而遇敌争先，身遭祸而亡锋罢战；复有临危败阵，无计逃生，或中枪中箭而卧在军前，或遭刀遭剑而落于阵后，或进忠而丧命于沙场，或报国而横尸于野外；三魂杳杳随军阵，七魄悠悠去故乡（军阵横亡）；穿江渡海，瀑水翻船，三魂而逐于波流，七魄而随于浪滚；昏昏身死，黯黯心亡，悄悄而归向九泉，冥冥而波中命丧；致使漂沉河内，没溺沙中，八识晓奔于江湖，一性夜游于洲岸（河漂水漠）。
R53	饥荒殍饿病疾缠绵诸鬼神众	生为人类，疾病缠身，任汤药以难瘥，信针灸而不应；眠床卧枕，苦痛难禁，因杀命于生前，值萦缠于此际；浑身肿痛，遍体酸疼，长吁气喘以难瘥，食药书符而不瘥（久病缠身）。

续表

编号/名号		《仪文》"召请孤魂仪"奉请辞
R54	墙崩屋倒树折崖摧诸鬼神众	未单独列出
R55	严寒大暑兽咬虫伤诸鬼神众	毒蛇猛兽，虎豹豺狼，相逢而无处潜藏，会遇而如何躲免；形骸筋骨，皮肉心肝，尽遭爪以捎伤，总被牙之咬碎；血流遍地，苦痛难捱，魂归于阴界之中，命丧在孤魂之辈（兽咬虫伤）。
R56	堕胎产亡仇冤抱恨诸鬼神众	堕胎落孕，产难身亡，托阴于母腹之中，结恨在胎胞之内；无由解免，有意相仇，索性命而母子俱亡，遇冤家而身心闷绝；黄泉路上，悠悠而血污其身，枉死城中，杳杳而冤魂系绊（堕胎落孕）。
R57	误死针医横遭毒药诸鬼神众	未单独列出
R58	身殂道路客死他乡诸鬼神众	车碾命丧，马踏身亡，四肢疼痛不能言，五脏伤残心闷绝；慈亲孝子，欲代替以无门，义重交朋，空咨嗟而有分（车碾马踏）；驾移远地，客死他乡，或遭驱虏而母子分离，或为经商而慈亲久别；家乡遥远，地里登途，忽而染患缠身，思虑爷娘妻子；因乃疾病，遂致身亡，经官送在荒郊，席卷培埋野外（客死他乡）。
R59	地狱饿鬼傍生道中一切有情众（出自"命请冥殿十王仪"奉请辞）	截手烙脚，碓捣磨磨，镬汤炉炭之流，铜柱铁床之辈；业因十恶，受报多端，昼餐秽污以充饥，夜宿林峦而做伴；随业堕类，逐报分形，受生而万类千般，捷疾而水陆空界。
R60	六道四生中中有情众	未单独列出

1. 启教救济/R45～R46

此组两图包括原为导引者的面然鬼王，以及掌控疫病的鬼王和使者。永安寺此组壁画侧重装饰效果，对色彩的组织也较为灵活。R45面然鬼王在《仪文》中亦称"启教大士"。奉请辞通过"普门示现""运慈舟""登彼岸"等关联性语汇，指明鬼王为观世音菩萨所化现。永安寺持幡天女周边绘人物5名，包括3名饿鬼簇拥的面然鬼王，以及《仪文》列出的兴教大士阿难尊者[1]。阿难双手合十，立于持幡天女之前，与《图像》构图一致。如奉请辞所述，现出"巍巍相貌，荡荡威严"。面然鬼王合十立于天女之后，其口内生出烟火，且腹大如鼓、形容丑陋。同《图像》相比，永安寺此幅增加了较多修饰，如面然鬼王的项饰、衣饰；阿难遍身点缀的纹饰等。然而，部分反映饿鬼苦楚的口内烟火，及其足下炽燃的烈焰则被画工略去。

R46主病鬼王、五瘟使者中，前者通常被称为"行病鬼王"。《仪文》综述之"或八大鬼王而横取，或五瘟使者以错追"描述了其催生疾病的骇人之处。对行病鬼王致病的记载另见于唐译《千眼千臂观世音菩萨陀罗尼神咒经》[2]。对五瘟使者的详细描述则见于明《三教源流搜神大全》，大意是隋文帝时期有五力士现于空中，分别为春瘟张元伯、夏瘟刘元达、秋瘟赵公明、冬瘟钟仕贵、总管中瘟史文业。五人分披青、红、白、黑、黄袍，各持杓与罐、皮袋与剑、扇、锤、火壶，见之则有疫情。隋文帝后加封此五力士为显圣将军、显应将军、感应将军、感成将军、感威将军。

永安寺此幅持幡天女后绘人物6名，分前后两排布置。参考《三教源流搜神大全》之说，则前排

---

[1] 阿难夜见面然鬼王及其引出的施食缘起，详见唐实叉难陀译《佛说救面然饿鬼陀罗尼神咒经》、唐不空译《佛说救拔焰口饿鬼陀罗尼经》。其中鬼王之名，实叉难陀译为"面然"；不空译为"焰口"。

[2] "昔罽宾国有疫病流行，人得病者不过一二日并死。有婆罗门真谛起大慈悲心，施此法门，救疗一国，疫病应时消灭。时行病鬼王应时出离国境，故知有验耳"，见〔唐〕智通，译. 千眼千臂观世音菩萨陀罗尼神咒经//大正新修大藏经：第20册：93.

图4-6　五瘟使者比较（1《三教源流搜神大全》版画；2毗卢寺壁画）
图片来源：1（明）佚名. 三教源流搜神大全，卷4；2康殿峰. 毗卢寺壁画：116.

右1鸟首、持叶形扇者为秋瘟。右2马首、持桶与杓者为春瘟。右3鸟首、背皮袋者为夏瘟。后排右1头部漫漶、持黄色葫芦者为冬瘟。《图像》此尊原为牛头，持物被遮挡，按文献记载应为锤。右2位置靠前，头部漫漶，左手持权、右手持剑者为主病鬼王。《图像》此尊现道士相，左手原持火盆。右3豹首、持红色火壶者为中瘟。《图像》此尊原为虎首。同类图像中，五瘟使者的持物与文献记载大同小异（图4-6）。宝宁寺仅将皮袋转为葫芦，青龙寺无持火壶者，毗卢寺无持皮袋者。然而，五瘟使者鸟兽头与持物的对应关系较为灵活，袍服色彩的设置也不尽相同，多数并未与五方五色相对应。由此可见，与高度程式化的天神、地祇相比，水陆画中鬼类的表达更趋自由。

2. 无主孤魂/R47～R58

《仪文》对孤魂的分类可能借鉴了《焰口施食仪》中的"十类孤魂"[1]（表4-6）。然而在不同章节内，孤魂的类型和次序并不统一，且不以十类为限，体现出一定的灵活性。如《仪文》"召请孤魂仪"综述将其归纳为"十类五姓，无主孤魂"，奉请辞随之列出十类孤魂，但其后另附若干类型（见表2-3）。《仪文·杂文》"孤魂"同样列出"十类孤魂"，但部分与往古人伦重叠，且对道、儒多有侧重。《仪文·坛图式》"水陆牌像"则列出12类孤魂，其内容与奉请辞相近，次序则差异较大。

R47含大腹、臭毛、针咽、巨口、饮啖不净、饥火炽然诸鬼。《仪文》生动描绘出此类形容丑陋、居不净处、不得饮食、苦于饥渴的饿鬼形象。其中"面上火出"之说点出了三涂[2]之火途中，众

---

[1]　〔唐〕释不空，译. 瑜伽集要焰口施食仪//永乐北藏：第132册：940-942.《仪文》"召请孤魂仪"之"判斛仪文"同样"依《焰口施食仪》润删详定"。

[2]　三途包括火途，即地狱火烧处；血途，即畜生互食处；刀途，即饿鬼以刀剑杖逼迫处。

生受地狱猛火烧灼之苦。永安寺持幡天女后绘鬼众12名，相互交错布置，其中前排伏地者主体业已漫漶。鬼众形象与面然鬼王相仿："身形羸瘦、枯燋极丑、面上火然、其咽如针、头发蓬乱、毛爪长利、身如负重"[1]。在画面中，众鬼手握骷髅、相互嬉戏之状多少弱化了周边熊熊烈焰带来的无边苦楚。同时，少数饿鬼还有耳环、手镯等金饰在身。

表4-6　《焰口施食仪》与水陆法会两种"十类孤魂"比较

次序	《瑜伽集要焰口施食仪》	《仪文》	《仪文·杂文》
1	守疆护界，陈力委命，军阵相持，为国亡身，官员将士兵卒孤魂众	久病缠身	佐国诸侯，忠义将帅
2	负财欠命，情识拘系，生产致命，冤家债主，堕胎孤魂众	军阵横亡	守疆护界，军阵相持，把节身亡，官僚兵卒
3	轻薄三宝，不孝父母，十恶五逆邪见孤魂众	城破横死	古往今来，朝野差除，内外赴任
4	江河水溺，大海为商，风浪飘沉采宝孤魂众	自刑自缢	从军将帅，持节使臣，时遵王命，日役身形
5	边地邪见，致命蛮夷孤魂众	车碾马踏	游方僧尼，道士女冠
6	抛离乡井，客死他州，无依无托，游荡孤魂众	堕胎落孕	图仙学道
7	河井刀索，赴火投崖，墙崩屋倒，树折岩摧，兽咬虫伤，横死孤魂众	河漂水溺	道儒二流，佩箓修真，登科赴举
8	狱中致命，不遵王法，贼寇劫盗，抱屈衔冤，大辟分尸，犯法孤魂众	兽咬虫伤	经营求利，客殒他乡
9	奴婢给使，憨劳陈力，委命贫贱孤魂众	牢狱囚亡	师巫神女，散乐伶官，客旅横亡
10	盲聋瘖痖，足跛手瘫，疾病缠绵，痈疽残害，鳏寡孤独，无靠孤魂众	客死他乡	虎咬蛇伤，坠坑落井，鬼迷魔死

R48含水陆空居、依草附木诸鬼。永安寺持幡天女后绘鬼众9名，分前后4排，每排各1、4、2、2鬼。第1排跨龟女鬼居于水中，用色较为丰富。第4排2鬼安坐闲谈，居于陆上。第3排右2乘龙男鬼居于空中，衣饰较为华丽。其龙现四爪，样式仍与西侧彩画中的龙纹相近（见图3-3，1）。第2排4鬼及第3排右1诸鬼形如草木，为依草附木鬼众。此5鬼漫漶较为严重，但与《图像》比较可知，其头、身等处均有草木生发。同时，第2排右4原生三目。

R49含枉滥无辜、含冤抱恨诸鬼，整体构成与首都博物馆藏一幅明代水陆画颇有渊源，呈现出此类图像的交叉互借（图4-7）。永安寺持幡天女后绘鬼众9名，分前中后三排，每排各1、4、4鬼，着重表现出草菅人命的官吏之果报。中排3冤鬼正全力将1白面红袍官吏拖拽下马，其中2鬼项挂纸钱。同上述明代水陆画和《图像》相比，官吏羞愧、畏惧的神态未能得到充分体现。后排3冤鬼中，二无头鬼与1黑面绿袍官吏缠斗，整体形象颇为生动。其中一鬼正挥舞着被砍下的头颅向官吏砸去，其脖颈鲜血喷溅，令人胆寒。宝宁寺、毗卢寺、故城寺相应图像中，同样有挥头冤鬼的形象。另一鬼戴枷，正回首

---

[1] 〔唐〕释实叉难陀，译. 佛说救面然饿鬼陀罗尼神咒经//大正新修大藏经：第21册：465-466.

图4-7　首都博物馆藏明代"往监赴刑无辜鬼众"等

图片来源：北京市文物局，编. 北京文物精粹大系：佛造像卷 下：137.

怒视此吏。前排1鬼倒地哭嚎。参考《图像》分析，此冤鬼恐因误陷纠纷而无辜横死，其身侧的交机在壁画中并未体现。

R50含投崖、赴火、自刑、自缢诸鬼。《仪文》强调了其"长吁叹惜，哽噎吞声"的凄惨境遇，并指明自缢者为女子。永安寺持幡天女后绘鬼众7名，分前后两排布置。前排右1、右2为自缢而死的缠足女鬼，后者面带笑容，未能合理体现其惨状。《图像》二女则项上勒绳、目光涣散，其中1名更口吐长舌。故城寺此幅自缢者的神态也更为骇人。右3、右4为自刑者，分别以利刃割颈、刺身。后排右1、右3当为投崖者。在《图像》中，其表情更为愁苦。右2应为赴火者，虽上身裸露，但仍旧须发俱全。《图像》此鬼已体无完肤、须发尽失。

R51含赴刑都市、幽死狴牢诸鬼。《仪文》奉请辞描述了其于牢狱中遭绳缚石砸、湿纸封面、铁锤击肋、枷锁套颈而惨死的景象。永安寺持幡天女后绘人物8名，分前中后三排，每排各2、4、2鬼。其中包括鬼众5名、鬼卒3名，内容主要围绕榜题展开。前排右1、右2；中排右3为刑具加身的赴刑者。《图像》此3鬼原本锁链缠身、囚服破烂，倍加凄惨。中排另3名为手持刀、剑、棍棒，驱赶3鬼的狱卒。后排为因于狱内的幽死者。二鬼衣不遮体，其中一鬼发髻被高悬于环上。画面左侧，专门绘有顶悬狴犴的牢门。

R52含兵戈荡灭、水火漂焚诸鬼。《仪文》描述了军阵横亡者被各类兵器伤身而魂魄分离，以及沉船遇难者随波逐流的惨状。永安寺持幡天女后绘鬼众12名，分前中后三排，每排各4鬼。与《图像》相比，此幅进行了较多的美化，人物构成亦略有差异。前排4鬼为衣冠不整、相互搀扶的阵亡者，虽然各有伤痛、部分拄杖，但表情平和，且衣甲略显华丽。《图像》中的此类伤兵则狼狈不堪，表情也更加愁苦。中排4鬼似为卷入战火的平民，其中右1手持卷轴。《图像》此排亦为阵亡兵士。后排右1、右2发髻凌乱者为水漂鬼，在《图像》中披头散发、口吐长舌。右3、右4上身裸露、须发俱全者为火焚鬼，在《图像》中则体无完肤、须发尽失。

R53含饥荒殍饿、病疾缠绵诸鬼。《仪文》奉请辞主要对久病缠身者的苦楚及其前世杀生的罪业进行了描述。永安寺持幡天女后绘鬼众10名，分前后四排，每排各3、3、3、1鬼。此幅仍然略去了褴褛的衣衫和憔悴的病容，并未刻意表达其惨状。前两排为瘦骨嶙峋、发髻松散的饿鬼，分5男1女。其中第1排右1因病饿而瘫软在地；第2排右1腹胀如鼓。《图像》饿鬼均为男相，且蓬头垢面、补丁遍身。后两排为衣着得体、神态自若的病鬼，分2男2女。《图像》病鬼均为女相，且发髻不整、愁眉不展。

R54含墙崩屋倒、树折崖摧诸鬼，均为碾压致死。永安寺持幡天女后绘鬼众5名，分前后两排布置。前排4鬼均为屋倒亡者，各掩伤处，但面容平和、处变不惊。后排被巨石压身的1鬼为崖摧亡者，因痛苦难当而张口呼救，但已七窍流血、奄奄一息。其旁绘有巨大的松树树干，但未绘树折亡者。在《图像》中，此鬼身遭树压，手中利斧丢弃在旁，意在表达砍树时遇难的情景。

R55含严寒、大暑、兽咬、虫伤诸鬼。《仪文》奉请辞描述了后两类鬼众遭到猛兽毒蛇侵害，"苦痛难捱"的惨状。永安寺持幡天女后绘鬼众6名，分前中后三排，每排各1、2、3鬼。其中兽与虫分别绘作虎与蛇，同《仪文·杂文》"孤魂"所述"虎咬蛇伤"一致。前排1鬼亡于蛇伤，其侧绘有毒蛇一条。中排敞怀摇扇二鬼亡于酷暑，但正在微笑攀谈，显得颇为轻松。其衣衫点缀金饰，折扇尚绘有水墨画。后排右1、右2拱手而立者亡于严寒，亦未呈现出相应的紧迫感。《图像》此2鬼则因寒冷而裹紧衣衫。右3亡于虎咬者正被猛虎扑倒吞噬，并以尖锐的爪牙相伤。

R56含堕胎产亡、仇冤抱恨诸鬼。《仪文》相应将难产造成母子双亡的不幸归因于仇冤索命。永安寺持幡天女后绘鬼众12名，分前中后三排，包括产妇5名、儿童3名、仇冤者4名。前排凶神恶煞、扭成一团的仇冤男子与中、后两排平静而略显哀怨的产亡妇女形成了鲜明的对比。4名仇冤者均上身赤裸，两两持械扭打，其身色每组1黑1红。同《图像》相比，则略去了伤口鲜血横流的细节。产亡者身披各色衣衫，且局部添加金饰。一名儿童稍长，已立于母亲身边；两名幼儿抱在产妇怀中，均被衣衫包裹。在《图像》中，产妇怀中则为赤身露体的两名婴儿，与产亡的主题更为契合。

R57含误死针医、横遭毒药诸鬼。永安寺持幡天女后绘鬼众8名，分前中后三排，每排各3、3、2鬼。总体而言，人物之间的关系不似《图像》清晰紧凑。前排右1、右3两披发女鬼正拉扯着右2庸医的衣袖紧追不放，庸医的表情过于从容。参考《图像》可知，中排右1青袍女鬼同样死于庸医之手。《图像》中3名女鬼围绕庸医张口理论，庸医则满面羞愧、作揖求饶。中排右2、右3亡于毒药，后者正将手指置于口内，做呕吐状。在《图像》中，呕吐者虚弱无力，手扶身边之鬼。后排右1、右2分别为拄拐的老年男子和目盲的中年妇女，盲女正在以杖探路，亦可能因遭遇庸医所致。《图像》此二鬼则各背乐器、相互扶持，显然为两名生计艰辛的乐师。

R58含身殂道路、客死他乡诸鬼，均属离家外出时所遇。《仪文》奉请辞将身殂道路者的死因归纳为车碾马踏，客死他乡者则归因于遭受驱房及经商患病。永安寺持幡天女后绘鬼众5名，分前后两排布置，生动展现出外出经商者的艰辛，以及亡于车碾马踏者的惨状。前排右1经商者在贩运途中患病倒地，面色灰暗，正受到右2照顾。右3亡于奔马践踏，口吐鲜血。后排右1驾车者挥鞭催动，载货牛车疾驰而去。右2亡于车碾，血迹斑斑。整幅画面动态十足，车、马正朝不同方向飞奔，遭碾踏者则惊慌失措、抬手呼救。

3. 一切有情/R59～R60

此组两图均具有显著的综合性特征，表达方式则各有侧重。因为两图所占空间相当于一幅图像，所以整体看来略显拥挤。R59主要针对三恶道，即依各自恶业而身处地狱、饿鬼、畜生道中的有情众生。《仪文》"命请冥殿十王仪"相关奉请辞描述了地狱道中刑具逼身的恐怖、饿鬼道中饮啖不净的果报，以及畜生道中不可胜数的业缘。R60六道四生包括天、人、阿修罗、地狱、饿鬼、畜生六道，以及胎生、卵生、湿生、化生四生。画面中作为核心的"心"字引出法界唯心的概念，即十方法界皆由心生。如《华严经·夜摩宫中偈赞品》觉林菩萨偈所言："若人欲了知，三世一切佛，应观法界性，一切唯心造。"[1]

R59为三恶道众生。永安寺持幡天女后绘鬼众6名，分前后两排布置，纹饰、色彩均较为丰富。前排3名持械鬼卒表达地狱道。其衣饰华丽，面色以黑、红、白相分。后排右1、右2两名饿鬼表达饿鬼道。二鬼各披红袍、绿袍，仍然点缀金饰。在《图像》内，其中一鬼口中生烟，更显凄惨。后排右3兽皮加身者表达畜生道。其所披兽皮同样添加金饰，不免影响了对恶道惨状的体现。

R60为六道四生。《图像》此幅虽残损严重，但仍能看出其基本布局。六道按常见做法纵向分隔，自右向左依次排列。永安寺持幡天女后的六道四生图则更为特殊。众生出自五色云托起的"心"字，在所剩无几的空间内，转为横向分隔、自上而下排列。与此同时，其内容也经过了大幅调整，整体由六道四生与"水陆空界"组合而成。第一、二两层处在空中。第一层将三善道合一，通过一组天人表达；第二层包括翱翔空际的龙凤、飞鸟等。第三、四两层居于陆上，包括行走如飞的麒麟、狮象、虎鹿等。第五、六两层居于水下。其中第五层为水中游弋的鱼、虾、蟹等；第六层部分漫漶，似含湿生之虫豸。有情众生由梢间壁面向次间隔扇奔走飞动，既有冲破壁面而出的戏剧性效果，又显得意味深长。

---

[1] 〔唐〕释实叉难陀，译. 大方广佛华严经//大正新修大藏经：第10册：102. 此偈亦称破地狱偈或破地狱真言，在《仪文》之"破有相无间地狱仪"中多次出现，亦见于《仪文·杂文》"监厨牒"。日人桧前斐成在宽文己酉（1669，约清早期）所绘《观心十方界图》同样以心字为中心，周边绘十方法界之四圣六凡，画面四角亦书此偈。

五 结语

永安寺重建于金元之交，在元延祐二年（1315），寺内创建了作为正殿的传法正宗殿。目前殿内佛台遗迹尚存，元代造像及其与壁画的整体配置关系则难以确知。然而根据相关线索推测，传法正宗殿初建时的主要目的可能与水陆道场无关。首先，永安寺第一代住持归云禅师属临济正宗法脉，正殿"传法正宗"之名也更多地显示出弘扬正统、延续法脉之意，殿内很可能以释迦佛为主尊。其次，现存藻井、佛台等重要元素的形制与唐辽之际的做法多有共通之处，呈现出早期信仰和仪轨的痕迹，同水陆道场的构建则无明显关联。如藻井中央镜花组合的运用、原有佛台及相关造像的配置模式等。明代殿内佛教元素的改易，也显示出元代配置与水陆法会体系的疏离。最后，传法正宗殿水陆画的初绘时间应当在明代中期左右。这样看来，殿内水陆道场的设置很可能是在当时流行的空间组织模式影响下，重新改造的结果。值得注意的是，这并不意味着永安寺在元代没有举办过水陆法会。如《元史》所载，英宗至治三年（1323）曾敕"五台万圣佑国寺作水陆佛事七昼夜"。可见在传法正宗殿创建前后，水陆法会在与浑源毗邻的五台山地区已经较为流行，且颇受最高统治者的重视[1]。这样看来，永安寺在元代可能已经引入了类似活动，由此也为明代传法正宗殿的改造奠定了基础。

明洪武年间永安寺设僧会司，后升为僧正司。嘉靖时期传法正宗殿在地方高官指挥使郭江的主导下进行了规模较大的重修。受到彼时水陆道场营建风潮的推动，在流行空间组织模式的影响下，很可能对造像、壁画等元素进行了系统性的改易。参考旧照可知，殿内造像仍居于元代旧有佛台之上，但风格已具有明代特征，且与背光、扇面墙匹配良好（当心间扇面墙壁画后期更动较小），显示出彼时修整的痕迹。元代旧有壁画亦可能于彼时为构建水陆道场而被新绘壁画所替代。至清代，永安寺在三任知州倡导下进行了系列修缮和扩建（包括康熙时期增建的东西次间扇面墙，用以容纳供养人形象），此后当无重大变更。寺院目前仅传法正宗殿壁面有完整的壁画遗存，共135幅，应均为清代乾隆年间新绘，承袭明代风格的作品。殿内造像在康乾时期应当进行了重装，但明代以来的风格基本得以保留，与旧照所见趋同。整体来看，以明代中期为转折点，传法正宗殿内原有造像与壁画、彩画相结合，在建筑空间内构建了一个以水陆法会为核心的复合体系。同时，部分内容亦呈现出明代汉地佛寺两类流行元素的影响。

传法正宗殿现存壁画均属北方地区水陆画范畴，其仪轨源自明代通行的《天地冥阳水陆仪文》，图像则与版画《水陆道场神鬼图像》同源。由《天地冥阳水陆仪文》的记载可知，水陆法会召请的神鬼主要分为6组，包括正位神、天仙、下界神、冥府神鬼、往古人伦和孤魂。此类神鬼以佛教为基础，将显密二宗，道教、儒家，星历、堪舆，乃至民间信仰融为一体。与《仪文》匹配的《图像》合计152

---

[1] 如民国十四年（1925）《金庄水陆殿佛像兼修藏经阁序》所载，五台山显通寺观音殿原名水陆殿，在清代至民国时期仍为寺内举办水陆法会的专用场所，由此也显示了水陆法会体系在五台山地区的传承，见崔正森，王志超. 五台山碑文选注[M]. 太原：北岳文艺出版社，1995：419-420.

幅，以十方法界之四圣六凡为基础。在明清时期，相关仪轨和图像对山西、陕西、河北等地佛寺的影响颇为显著。太谷净信寺明末《画冥阳水陆记》内，同样有绘制水陆画152龛的记录。

在传法正宗殿水陆法会体系内，第1组四圣包括4种类型。其一诸佛以原塑于当心间及东西次间、以毗卢佛为中尊的三佛造像，以及现绘于当心间两侧隔架壁板背面的彩画十佛呈现。其二菩萨以原塑于佛像外侧的造像，以及原绘于当心间扇面墙正面的壁画表达。其三十大明王以现绘于北壁的10幅壁画呈现，自西侧起始，分别由中部向两侧排列。其四护法以原塑于入口两侧的造像表达。第2至6组六凡本应以中轴线东西两侧，东、西、南三壁的126幅壁画呈现，但因西侧画工疏忽而漏绘一幅。三壁图像各分上中下三层，其中东西两壁均始于上层、由北向南排列，至南壁则由两端向中央聚拢，上层排满后便折回北端。通过整体性的组织，使作为超度对象的人伦和孤魂对称设置在扇面墙前部的参礼空间内。在传法正宗殿非水陆法会体系中，两类明代流行元素的影响十分明显。其中原塑三身佛造像与原绘观音的组合可以追溯到明初僧录司所在地南京天界寺。隔架壁板正、背两面的三十五佛彩画同样较为常见，类似设置另见于明中期大同府僧纲司所在地善化寺。

永安寺传法正宗殿水陆法会体系与流行元素的结合；壁画与造像、彩画的整体设计和实施；对相关仪轨的恭谨尊奉，以及对画模式的运用，均显示出明代早、中期官式营建影响下汉地佛寺中宗教符号运用与空间设计组织的体系化特征。涵盖前述空间组织模式的此类体系以建筑空间为载体，通过特定符号的运用，完成了空间意义的建构。这种现象也进一步提醒我们，伴随着学科交叉和知识交流的不断深入，宗教美术的研究视野也应进一步拓展。以空间意义的构建为线索，发现、恢复往昔被割裂于各学科的孤立元素之间的文化联系，将建筑空间视为由各类元素和使用者共同创造的，具有文化整体性的作品，可能是一条值得探索的途径，由此也能够催生出更多、更广的研究视角和成果。

附　表

附表1　永安寺壁画与《仪文·坛图式》"水陆牌像"六凡比较

	"水陆牌像"	永安寺榜题		"水陆牌像"	永安寺榜题
PR1	持地菩萨（据《仪文》补充）	持地菩萨	PL1	天藏王菩萨（据《图像》补充）	同
R1	后土圣母	同	L1	无色界四空天众	同
R2	东岳天齐仁圣帝	同	L2	色界四禅天众	缺[四]
R3	南岳司天昭圣帝	同	L3	大梵天王	同
R4	西岳金天顺圣帝	同	L4	欲界上四天主并诸天众	同
R5	北岳安天元圣帝	[天]漫漶	L5	忉利帝释天主并诸天众	[忉]转[功]/[帝]漫漶
R6	中岳中天崇圣帝	同	L6	东方持国天王	尾增[众]，同《图像》
R7	东海龙王	尾增[众]，同《图像》	L7	南方增长天王	尾增[众]，同《图像》
R8	南海龙王	尾增[众]，同《图像》	L8	西方广目天王	尾增[众]，同《图像》
R9	西海龙王	尾增[众]，同《图像》	L9	北方多闻天王	尾增[众]，同《图像》
R10	北海龙王	尾增[众]，同《图像》	L10	北极紫微大帝	同
R11	江河淮济四渎诸龙神众	同	L11	太一诸神五方五帝	[一]转[乙]
R12	五湖百川诸龙神众	同	L12	日光天子	同
R13	陂池井泉诸龙神众	[陂]转[波]	L13	月光天子	同
PR2	虚空藏菩萨（据《图像》补充）	同	L14	金星真君	同
R14	主风主雨主雷主电诸龙神众	同	L15	木星真君	同
R15	主苗主稼主病主药诸龙神众	同	L16	水星真君	同
R16	守斋护戒诸龙神众	[守]转[主]	L17	火星真君	同
R17	三元水府大帝	同，《图像》尾增[众]	L18	土星真君	同
R18	顺济龙王	同	L19	罗睺星君	同
R19	安济夫人	同	L20	计都星君	同
R20	太岁大煞（大杀）博士日游太阴神众	漏绘	L21	紫气星君	同
R21	大将军黄幡白虎蚕官五鬼众	[幡]转[帆]	L22	月孛星君	同
R22	金神飞廉豹尾上朔日畜众	[众]转[神众]，同《图像》	L23	人马天蝎天秤双女狮子巨蟹神宫（宫神）	[天马天鹅…宫神]，[宫神]同《图像》

	"水陆牌像"	永安寺榜题		"水陆牌像"	永安寺榜题
R23	阴官奏书归忌九坎伏兵力士众	缺[坎]，同《图像》	L24	阴阳金牛白羊双鱼宝瓶磨羯宫神	同
R24	吊客丧门大耗小耗宅龙神众	同	L25	寅卯辰巳午未元辰	尾增[众]，同《图像》
R25	护国护民城隍社庙土地神祇众	[社庙]转[庙社]	L26	申酉戌亥子丑元辰	尾增[众]，同《图像》
PR3	地藏王菩萨（据《图像》补充）	同	L27	角亢氐房心尾箕星君	[氐房心尾箕星君]漫漶
R26	秦广大王	同	L28	斗牛女虚危室壁星君	[虚危室壁星君]转[星虚室壁真星]
R27	初江大王	[初]转[楚]	L29	奎娄胃昴毕觜参星君	缺[昴]
R28	宋帝大王	同	L30	井鬼柳星张翼轸星君	同
R29	五官大王	同	L31	北斗七元星君	同
R30	阎罗大王	同	L32	普天列曜一切星君	同
R31	变成大王	同	L33	天地水三官众	同
R32	泰山大王	同	L34	天蓬天猷翊圣玄武真君	尾增[众]，同《图像》
R33	平等大王	[等]转[筹]	L35	天曹府君	尾增[众]，同《图像》
R34	都市大王	同	L36	天曹掌禄算判官	[掌]转[拿]
R35	转轮大王	同	L37	天曹诸司判官	同
R36	地府六曹判官	同	L38	年月日时四直使者	同
R37	地府三司判官	同	PL2	大威德菩萨（据《图像》补充）	同
R38	地府都司判官	[司]转[市]	L39	阿修罗众	同
R39	地府五道将军	同	L40	大罗刹众	同
R40	善恶二部牛头阿傍诸官曹众	同	L41	罗刹女众	同
R41	八寒地狱	同	L42	旷野大将众	同
R42	八热地狱	同	L43	般支迦大将众	缺[众]，同《图像》
R43	近边地狱	同	L44	矩畔拏众	同
R44	孤独地狱	同	L45	诃利帝母众	同
R45	起（启）教大士面然鬼王	[起]转[启]/尾增[等众]	L46	大药叉众	[药]转[叶]
R46	主病鬼王五瘟使者	尾增[众]，同《图像》	PL3	大圣引路王菩萨（据《图像》补充）	同
R47	大腹臭毛针咽巨口饮唉不净饥火炽然众	[然]转[燃]	L47	往古帝王一切王子众	同
R48	水陆空居依草附木幽魂滞魄无主无依众	[依]转[倚]/[木]转[水]	L48	往古妃后宫嫔媵女众	同

续表

	"水陆牌像"	永安寺榜题		"水陆牌像"	永安寺榜题
R49	枉滥无辜衔冤抱恨诸鬼神众	[衔]转[含]	L49	往古文武官僚众	同
R50	投崖赴火自刑自缢诸鬼神众	同	L50	往古为国亡躯一切将士众	同
R51	赴刑都市幽死狴牢诸鬼神众	同	L51	往古比丘众	同
R52	兵戈荡灭水火漂焚诸鬼神众	同	L52	往古比丘尼众	同
R53	饥荒殍饿病疾缠绵诸鬼神众	同	L53	往古优婆塞众	同
R54	墙崩屋倒树折崖摧诸鬼神众	同	L54	往古优婆夷众	同
R55	严寒大暑兽咬虫伤诸鬼神众	同	L55	往古道士众	同
R56	堕胎产亡仇冤报恨诸鬼神众	同	L56	往古女冠众	同
R57	误死针医横遭毒药诸鬼神众	[针]为异体字	L57	往古儒流贤士众	同
R58	身殂道路客死他乡诸鬼神众	同	L58	往古孝子顺孙众	同
R59	地狱饿鬼傍生道中一切有情众	同	L59	往古贤妇烈女众	同
R60	六道四生中中有情众	[六]漫漶	L60	往古九流百家众	同

附表2　永安寺壁画信士名录

编号	名录	编号	名录
PR1	信士庞周翰、子宗圣金妆	PL1	信士杨射云金妆
R1	信士张象天、子跟成仔金妆	L1	信士高应天、张朝相金妆
R2	信士白光睿金妆	L2	信士郝正魁、侯登金妆；会首姚宾唐募捐
R3	道人孙一亨金妆	L3	信士安加公、王培玉金妆
R4	信士石焕、子天才金妆	L4	信士郝正谟、赵名魁金妆
R5	信士孟自新金妆	L5	信士熊绍绎、张进儒金妆
R6	信士彭定魁金妆	L6	信士郭□义金妆
R7	信士李秀金妆	L7	信士黎捷用金妆
R8	信士李汝栢金妆；会首赵汝梅募捐	L8	信士杨会时金妆
R9	信士李海、子自强金妆	L9	信士黎捷登金妆；会首杨翠春募捐
R10	信士马维元、子礼金妆	L10	信士王门□氏、子取□金妆
R11	信士杜俊英、子瑞金妆	L11	信士马有、妻刘氏金妆
R12	信士全智金妆；会首郭容募捐	L12	信士李光禄、妻董氏金妆

编号	名录	编号	名录
R13	信士杨昌时、张廷俊金妆	L13	信士刘泉、妻康氏、子[绍/荣]先金妆
PR2	信士胡镜金妆	L14	信士黄正芳金妆
R14	信士程九五金妆	L15	信士杨光□、妻杜氏、子□□金妆
R15	信士唐文仪、杨克恭金妆	L16	信士赵晋卿、妻孙氏、子[光/正/直]金妆
R16	信士张宗圣、徐先和金妆	L17	信士梁富贵金妆
R17	信士张崇高、罗洪英金妆	L18	信士全智、妻孙氏金妆
R18	信士李如桧、胡进宝金妆；会首杨正时募捐	L19	信士岳宾、子世运金妆
R19		L20	信士杨福祯金妆
R20	漏绘	L21	信士栗德本金妆
R21	信士郭门赵氏、子之发金妆	L22	信士王佐、熊景山、张德元、李显富金妆
R22	信士秦自德、妻池氏、子[起/发]户仔金妆	L23	信士刘央基、张珺金妆
R23	信士侯选、妻乔氏、子锡昇金妆	L24	信士李发□、张尚仁金妆
R24	信士白光聪金妆	L25	信士张门李氏、子暄、蒋振元金妆
R25	信士朱门李氏、子进宝金妆	L26	信士穆肇姬、徐先进金妆
PR3	信士张门白氏、子奇逢金妆；会首白光彦募捐	L27	信士申起、孟道宏金妆
R26	信士张□、雷永世、雷聪、贾祥金妆	L28	信士孟宗圣、妻狄氏金妆
R27	信士白呈明、张希圣、谭银、□有心金妆	L29	信士武宗贤、吕宾肇金妆
R28	信士程九如金妆	L30	信士杨益峻金妆
R29	信士麻光枝金妆	L31	信士全门张氏、子发财金妆
R30	信士左玉珍、子发运金妆	L32	信士马存德、妻赵氏金妆
R31	信士梁克宽（应州人）金妆	L33	信士李仙联、妻高氏、子合一金妆
R32	信士尚文（大同府人）金妆	L34	信士马维新、妻李氏、子[荣/□]厚金妆
R33	信士史崇信、杨望时金妆	L35	信士潭林、妻赵氏金妆
R34	信士刘湖金妆	L36	信士徐先知、子璋金妆
R35	信士曹焕金妆	L37	信士张义、子秉[渊/淳]金妆
R36	信士苑明金妆；会首张训募捐	L38	信士郝忠、妻刘氏金妆
R37	漫漶	PL2	信士余嘉谟、子[声/豫]吉金妆

编号	名录	编号	名录
R38	信士许儒、耿大发金妆	L39	信士孙未安、妻全氏金妆
R39	信士李向时、武宗儒金妆	L40	信士赵明兴金妆
R40	信士陈琏、子通顺仔金妆	L41	漫漶
R41	漫漶	L42	漫漶
R42	信士□□、孙峻德金妆	L43	漫漶
R43	信士郭纯、妻张氏金妆	L44	漫漶
R44	信士白良仁金妆	L45	漫漶
R45	漫漶	L46	信士白□□、周发□金妆
R46	信士马麒金妆	PL3	漫漶
R47	漫漶	L47	信士赵法□、王□□金妆
R48	漫漶	L48	漫漶
R49	信士胡门王氏、子永、妻李氏金妆	L49	漫漶
R50	漫漶	L50	漫漶
R51	漫漶	L51	信士帅门□氏、子金玉金妆
R52	漫漶	L52	漫漶
R53	信士徐……漫漶	L53	信士张门陈氏……漫漶
R54	信士麻成宗金妆	L54	漫漶
R55	信士石刚金妆	L55	信士吴英金妆
R56	信士郭宗尧金妆	L56	信士张梅金妆
R57	漫漶	L57	信士曹国治、妻赵氏金妆
R58	信士王加□……漫漶	L58	信士李宽、妻杨氏、子……妻魏氏金妆
R59	信士□有全、赵开乾金妆	L59	信士韩天申、子法愈金妆
R60		L60	信士刘[光/念]明金妆

附表3 《图像》六凡内容及两类神鬼数量比较
（A、B两组分别为《图像》和永安寺壁画神鬼数量，其中不含执幡者）

编号	《图像》内容	A	B	编号	《图像》内容	A	B
PR1	持地菩萨缺失		1	PL1	天藏王菩萨设背光，踏莲台	1	2
R1	后土圣母缺失		4	L1	无色界天众缺失		8
R2	东岳现帝王相；2臣僚	3	3	L2	色界天众3男7女	10	10
R3	南岳现帝王相；2随侍；1臣僚	4	4	L3	大梵天设背光；2随侍	3	3
R4	西岳现帝王相；2臣僚	3	3	L4	欲界天众男女各4；3随侍	11	10
R5	北岳现帝王相；2臣僚	3	3	L5	帝释天处在画面中央；2随侍；7眷属	10	9
R6	中岳现帝王相；2随侍；1臣僚	4	4	L6	东方天王设背光；1随侍；6眷属	8	9
R7	东海龙王现王公相；2眷属	3	3	L7	南方天王设背光；1随侍；6眷属	8	7
R8	南海龙王现王公相；3眷属	4	4	L8	西方天王设背光；1随侍；7眷属	9	9
R9	西海龙王现王公相；5眷属	6	6	L9	北方天王设背光；1随侍；7眷属	9	8
R10	北海龙王现龙头；5眷属；2童子	8	8	L10	北极大帝设背光；2随侍；2臣僚；2仪仗	7	7
R11	江河淮济龙神均现龙头，持笏板	4	5	L11	太乙天尊戴束发冠；五帝现帝王相；2眷属	8	8
R12	五湖百川龙神均现王公相，持笏板	7	7	L12	日光天子设背光；2随侍	3	3
R13	陂池井泉龙神均现王公相，持笏板	4	4	L13	月光天子设背光；1臣僚	2	2
PR2	虚空藏菩萨左手与愿印，右手无畏印	1	1	L14	金星现女相，抱琵琶；3眷属	4	4
R14	含风、雨、雷、电、昼夜神	5	5	L15	木星现王公相，持桃枝；3眷属	4	4
R15	含苗、稼、病、药、水、火神	6	6	L16	水星现女相，持纸笔；5眷属	6	6
R16	守斋护戒龙神现武将相，各持兵器	3	3	L17	火星现虬髯天师相，持笏板；4眷属，1名纵龙	5	5
R17	上元帝王相，中、下元王公相；1臣僚；2随侍	6	6	L18	土星现老叟相，持印，拄杖；3眷属	4	4
R18	顺济龙王现王公相；1臣僚	2	2	L19	罗睺一面四臂三目，持杵，剑，弓，箭；2眷属	3	3
R19	安济夫人现贵妇相；1仪仗	2	2	L20	计都现王公相，持笏板；3眷属	4	4
R20	含太岁、大杀、博士、日游、太阴	5	0	L21	紫气戴束发冠，持笏板；4眷属	5	5
R21	含大将军、黄幡、白虎、蚕官、5鬼众	9	9	L22	月孛戴束发冠，持笏板；6眷属	7	7
R22	含2金神、飞廉、豹尾、上朔日、畜官	6	6	L23	十二宫神之前6神	7	7
R23	含阴官、奏书、归忌、九坎、伏兵、力士	6	6	L24	十二宫神之后6神	6	6
R24	含吊客、丧门、大耗、小耗、住宅龙神	5	5	L25	十二元辰之前6神，无显著身份标志	6	7

编号	《图像》内容	A	B	编号	《图像》内容	A	B
R25	含城隍、土地、伽蓝等神	10	10	L26	十二元辰之后6神，无显著身份标志	6	6
PR3	地藏王菩萨左手持珠，右手握锡杖；2胁侍	3	3	L27	二十八宿之东方7宿，无显著身份标志	7	7
R26	秦广大王现王公相；2臣僚	3	3	L28	二十八宿之北方7宿，无显著身份标志	7	7
R27	初江大王现王公相；2臣僚	3	3	L29	二十八宿之西方7宿，无显著身份标志	7	7
R28	宋帝大王缺失		3	L30	二十八宿之南方7宿，无显著身份标志	7	7
R29	五官大王现王公相；2臣僚	3	3	L31	北斗七星，戴束发冠或芙蓉冠	7	7
R30	阎罗大王现帝王相；2臣僚	3	3	L32	各类星君，戴梁冠，束发冠，芙蓉冠等	8	8
R31	变成大王现帝王相；2臣僚	3	3	L33	三官现王公相；5眷属	8	8
R32	泰山大王现王公相；2臣僚	3	3	L34	北极四圣真君各具特色；2眷属	6	6
R33	平等大王现王公相；2臣僚	3	3	L35	天曹府君现王公相；1随侍；2仪仗；2臣僚	6	6
R34	都市大王缺失		3	L36	含天曹掌禄、掌算判官，戴幞头，持案卷	3	3
R35	转轮大王现王公相；2臣僚	3	3	L37	天曹诸司判官缺失		6
R36	六曹判官戴幞头，持案卷，纸笔	6	6	L38	四直使者均持牌，半数持钺	4	4
R37	三司判官现文官相，戴幞头，持案卷	3	3	PL2	大威德菩萨左手持轮，右手与愿印；1随侍	2	2
R38	都司判官现文官相，戴幞头，持案卷	3	3	L39	阿修罗手托日月者4尊，形态各异者3尊	7	6
R39	五道将军现武将相，手持各类兵器	5	5	L40	大罗刹多数手持兵器，1尊人面鸟冠	5	5
R40	善恶童子各执文簿；牛头持三股叉；马面持棒	4	4	L41	罗刹女手持利剑，1女以蛇为头饰，项饰	5	5
R41	八寒地狱鬼卒手持枷锁，三股叉等	4	4	L42	旷野大将现武将相，所持兵器类型众多	8	9
R42	八热地狱鬼卒手持各类兵器	5	5	L43	般支迦大将须发飞扬，持弓，剑，蛇等	5	5
R43	近边地狱鬼卒面貌狰狞，手持各类兵器	4	4	L44	矩畔拏手持珍宝，部分露出白骨	5	5
R44	孤独地狱鬼卒手持钺，狼牙棒，钢鞭等兵器	5	5	L45	诃利帝母居中；4女眷；4童子/婴儿；1鬼卒	10	11
R45	阿难合十；面然鬼王合十；口内生烟；3饿鬼	5	5	L46	药叉形态各异，持各样兵器	6	6
R46	主病鬼王现道士相；五瘟使者鸟兽头人身	6	6	PL3	引路王菩萨双手合十；1随侍	2	3
R47	饿鬼多数大腹，细颈，巨口，枯瘦，口中生烟	12	12	L47	三皇3名；历代帝王、王子5名	8	9
R48	1鬼居水、2鬼居陆、1鬼居空；5鬼依草附木	9	9	L48	后妃2名；3随侍；2仪仗	7	7
R49	7冤鬼；2官吏	9	9	L49	含文武2圣；1随侍；4文官；1武将	8	8

续表

编号	《图像》内容	A	B	编号	《图像》内容	A	B
R50	2鬼投崖；1鬼赴火；2鬼自刑；2鬼自缢	7	7	L50	诸葛亮、苏武、韩信、张良、专诸等将士	7	7
R51	3鬼赴刑，披枷带锁；3狱卒；2鬼幽死牢狱	8	8	L51	比丘5名；行者1名	6	6
R52	8鬼阵亡；2鬼水漂；2鬼火焚	12	12	L52	比丘尼5名；尼童2名	7	7
R53	6饿鬼，男相；4病鬼，女相	10	10	L53	优婆塞缺失		7
R54	6鬼亡于屋倒；1鬼亡于树折；1鬼亡于崖摧	8	5	L54	优婆夷6名	6	6
R55	2鬼亡于严寒；2鬼亡于大暑；2鬼亡于虎蛇	6	6	L55	钟离权、吕洞宾、东方朔等道士6名；1道童	7	7
R56	含产妇5名；儿童3名；仇冤者4名	12	12	L56	女冠5名；2随侍	7	7
R57	3鬼亡于庸医；2鬼亡于毒药；2乐师；1庸医	8	8	L57	贤士7名；1书童	8	8
R58	2鬼身殂道路；1鬼客死他乡；1车夫；1农夫	5	5	L58	成人7名，含公、婆、4孝子、1媳；4儿童	11	11
R59	3狱卒；2饿鬼；1鬼身披兽皮	6	6	L59	烈女7名，含赵贞女、孟姜女、浣纱女等	7	7
R60	含天、人、阿修罗、地狱、饿鬼、畜生六道	不计	不计	L60	集中体现士、农、工、商四民职业	13	13

附表4　宝宁寺水陆画神鬼布局总览

（基于《宝宁寺明代水陆画》公开图像，未含无榜题的诸佛及菩萨；部分错漏未加更改）

编号	榜题	编号	榜题
右1	大威德大笑明王	左1	大威德焰发德迦明王
右2	大威德步掷明王	左2	大威德无能胜明王
右3	大威德大力明王	左3	大威德马首明王
右4	大威德不动尊明王	左4	大威德甘露军吒明王
右5	大威德变现忿怒大轮明王	左5	大威德降三世明王众
右6	诸迦跋哩陀尊者、苏频陀尊者	左6	跋罗堕尊者、伽伐蹉尊者
右7	迦力迦尊者、佛陀罗尊者	左7	诸炬罗尊者、跋陀罗尊者
右8	罗怙罗尊者、耶迦犀尊者	左8	戍博迦尊者、伴诺迦尊者
右9	阿氏多尊者、荼畔吒迦尊者	左9	因迦陀尊者、伐那波斯尊者
右10	八大金刚诸神众	左10	天龙八部诸神众
右11	金刚密迹等众	左11	缺失
右11	随其所求令得成就大功德天、特尊之主居色顶天摩醯首罗众		

编号	榜题	编号	榜题
右12	二十八部统领鬼神散脂大将众、殷忧四部外三洲韦驮尊天众	左12	卫法神王、婆罗门仙等众
右13	持地菩萨众	左13	天藏菩萨
右14	九天后土圣母诸神众	左14	无色界四空天诸天众
右15	东岳天齐仁圣帝	左15	色界四禅、非非想、大梵天王众
右16	南岳司天化昭圣帝、中岳中天大宁崇圣帝	左16	大梵、无色界上四天并诸天众
右17	西岳金天顺圣帝、北岳安天元圣帝	左17前	大梵天主诸神众
右后17	秘藏法宝主执群龙娑竭罗龙王众	左17	忉利帝释天主众
右18	增长出生证明功德坚牢地神、助杨正法诃利帝喃诸神众	左18	欲界十二天主诸天众
右19	行日月前救兵戈难摩利支天诸神众	左19	东方护世乾闼婆主持国天王、南方护世鸠槃茶主增长天王、西方护世大龙王主广目天王、北方护世大药叉主多闻天王
右20	四海龙王诸神众	左20	大威德菩萨众
右21	江河淮济四渎诸神众	左21	北极紫微大帝众
右22	五湖百川诸龙神等众	左22	百明利生千光破暗日宫天子、星主宿王清凉照衣月宫天子诸神众
右23	陂池井泉诸龙神众	左23	太乙诸神众
右24	主风主雨主雷主电风伯雨师众	左24	五方五帝众
右25	主苗主稼主病主药五谷神众	左25	太阳、木星、火星、金星、水星、土星真君
右26	守斋护戒诸龙神众	左26	太阴、罗睺、计都、紫气、月孛星君众
右27	下元水府三官大帝众	左27	天马、天秤、双女、双鱼、白羊、狮子神
右28	顺济龙王、安济夫人诸龙神众	左27	宝瓶、金牛、天蝎、巨蟹、磨羯宫神
右29	太岁、天子、大煞、博士、日游、太阴诸神众	左29	子、丑、寅、卯、辰、巳元神君众
右30	大将军、黄幡、豹尾、白虎、金神、青羊、乌鸡众	左30	午、未、申、酉、戌、亥十二元辰星君
右31	蚕官、五鬼诸鬼神众	左31	角、亢、氐、房、心、尾、箕星君
右32	鹤神、雌神、雄神、火血、身黄、血刃、刀砧七煞诸神众	左32	斗、牛、女、虚、危、室、壁星君
右33	年禁、月禁、太白、岁煞、官符、土后、土伯、憧命诸神众	左33	奎、娄、胃、昂、毕、觜、参星君
右34	吊客、丧门、大耗、小耗、宅龙诸神众	左34	井、鬼、柳、星、张、翼、轸星君
右35	护国护民城隍、社庙、土地、殿塔、伽蓝等众	左35	北斗七元左辅右弼众
右36	地藏菩萨、秦广、楚江、宋帝、五官	左36	普天烈曜一切星君诸神众

编号	榜题	编号	榜题
右37	阎罗、变成、泰山、平等、都市、转轮大王众	左37	匡野四将神祇等众
右38	地府六曹四司判官、地府都司官	左38	天地水府三官大帝众
右39	地府五道将军等众	左39	天蓬、天猷、翊圣、玄武真君
右40	善恶二部、牛头阿傍诸官众	左40	天曹府君、天曹掌禄主算判官、诸司判官等众
右41	八寒、八热诸地狱孤魂众	左42	年月日时四直功曹使者
右42	近边、孤独地狱、屋倒墙崩等众	左42	大阿修罗王诸神众
右43	起教大师、面然鬼王众	左43	鬼子母、罗刹诸神众
右44	主病鬼王、五瘟使者众	左44	阿利帝母、大罗刹诸神众
右45	饥荒殍饿、病疾缠绵、自刑自缢众	左45	缺失
右46	依草附木、树折崖摧、针灸病患众	46	大圣引路王菩萨众
右47	枉滥无辜、衔冤报屈一切孤魂众	左47	往古帝王、一切太子、王子等众
右48	缺失	左48	往古妃后、宫嫔、婇女等众
右49	赴刑都市、幽死狴牢鬼魂众	左49	往古文武官僚、宰辅众
右50	缺失	左50	往古为国亡躯一切将士众
右51	兵戈盗贼诸孤魂众	左51	往古比丘众
右52	大腹臭毛、针咽巨口、饥火炽然鬼魂众	左52	往古比丘尼、女冠、优婆塞、优婆夷诸士等众
右53	火焚屋宇、军阵伤残等众	左53	往古道士、升霞烧丹未明众
右54	仇冤报恨、兽咬虫伤孤魂众	左54	往古儒流贤士、丹青撰文众
右55	堕胎产亡、严寒大暑孤魂众	左55	往古孝子顺孙等众
右56	误死针医、横遭毒药、严寒众	左56	往古三真九烈、贤妇烈女孤魂众
右57	身殂道路、客死他乡、水漂荡灭众	左57	往古九流百家、诸士艺术众
右58	一切巫师神女、散乐伶官、族横亡魂诸鬼众	左58	往古顾典婢奴、弃离妻子孤魂众
右59	六道四生一切有情精魂众	左59	缺失

附　图

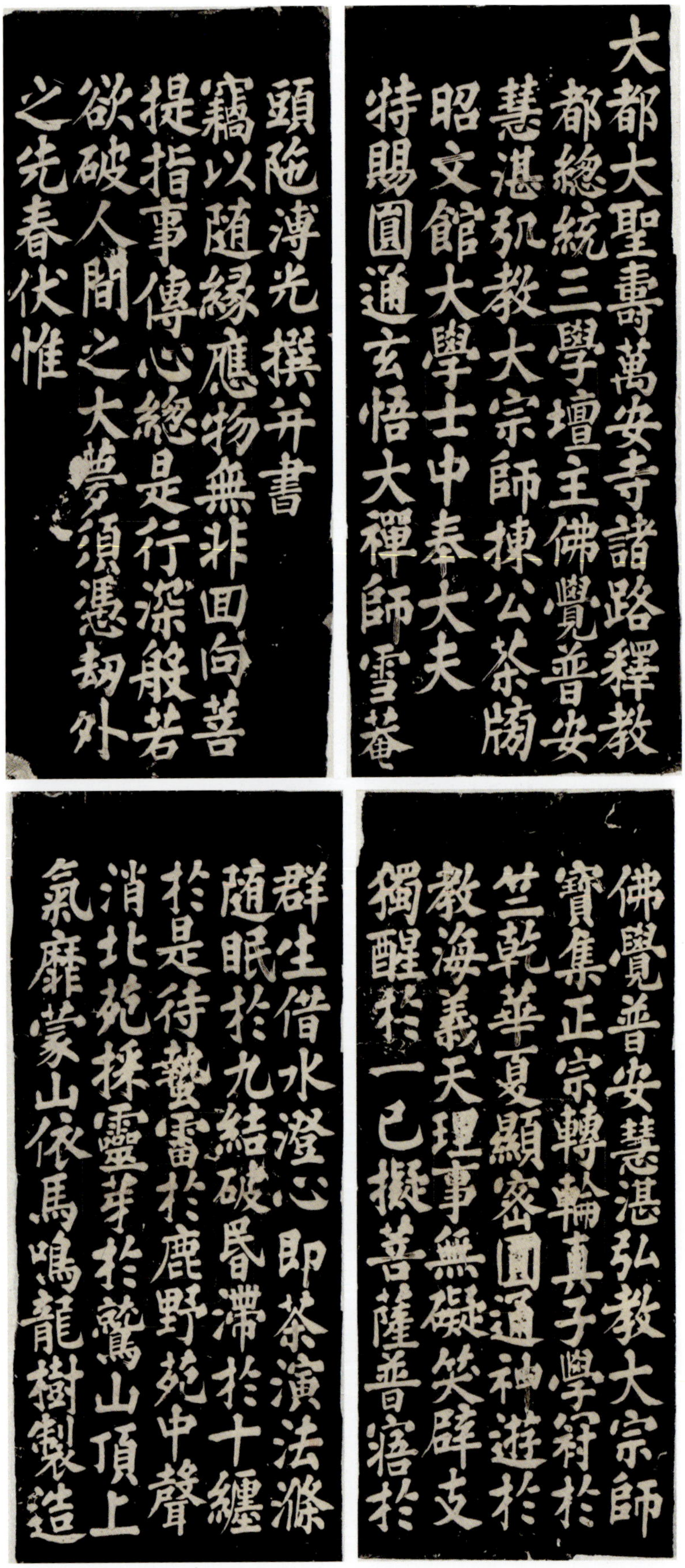

大都大聖壽萬安寺諸路釋教
都總統三學壇主佛覺普安
慧湛弘教大宗師揀公茶牓
昭文館大學士中奉大夫
特賜圓通玄悟大禪師雪菴

頭陁溥光撰并書
竊以隨緣應物無非囙向菩
提指事傳心總是行深般若
欲破人間之大夢須憑劫外
之先春伏惟

佛覺普安慧湛弘教大宗師
寶集正宗轉輪真子學窮於
芺乾華夏顯密圓通袖遊於
教海義天理事無礙笑辟支
獨醒於一已擬菩薩普寤於

群生借水澄心即茶演法滌
隨眠於九結破昏滯於十纏
於是待蟄雷於鹿野苑中聲
消北苑揉靈芽於鷲山頂上
氣靡蒙山依馬鳴龍樹製造

附图1　溥光元至大二年（1309）《会善寺茶牓》（拓片来源：国家图书馆）

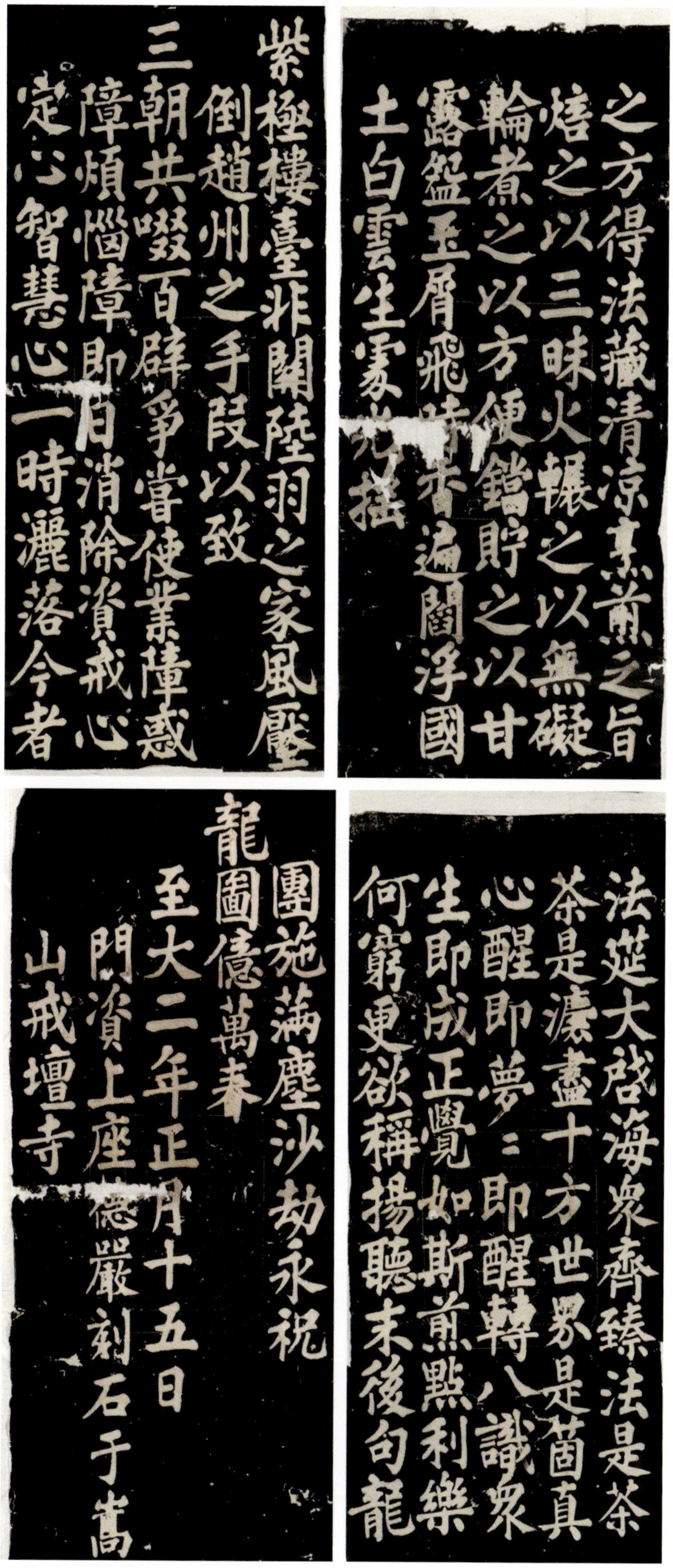

之方得法藏清涼素蕈之旨
焙之以三昧火辗之以無礙
輪煮之以方便鐺貯之以甘
露盌玉屑飛時末遍閻浮國
土白雲生霞⋯搖

紫極樓臺非闥陸羽之家風壓
倒趙州之手段以致
三朝共啜百辟爭甞使業障惑
障煩惱障即日消除資戒心
定心智慧心一時灑落今者

法筵大啓海眾齊臻法是茶
茶是濾盞十方世界是菌真
心醒即夢三即醒轉八識眾
生即成正覺如斯煎點利樂
何窮更欲稱揚聽末後句寵

團施滿塵沙劫永祝
龍圖億萬春
至大二年正月十五日
閤資上座德嚴刊石于萬
山戒壇寺

目且於註中闕疑之爻義更加詳考而彰明較著
焉既歷辛勤寧甘湮滅以故象稿告竣之餘弗俪
僭妄竊附於本義尾末以誌不忘雖然象之餘弗
也形而下焉者也不孜孜於得言而忘象也者像
於就象以明辭豈遂敢謂朱子功臣哉弟念泰山
不秉土壤河海亦振細流持此以問諸當世或可
為好察邇言者聊備參考云爾是為序

重修永安寺碑記　　桂敬順

乾隆歲庚辰余官渾之四年訟少事稀歲亦豐稔

州人來謝曰州東郭永安寺者元延祐初都帥高
公定所建為州民歌祝祈禳之地歷久荒古恐遂
至於泯滅敢請命為重修余念其誠許之並倡首
捐金州之人士咸歡喜布施未旬日金錢畢集廼
量度舊址圖畫令制鳩工庀材擇能而才者董其
役壬午冬十月工竣寺凡五重初地次護法殿
次大雄殿次僧寮次鐵佛舍正殿左右為翼毀塑
大士關壯繆像兩廡各五楹文武職官慶賀班所
鼓樓鐘室次其下護法殿左右為方丈為過客堂

正殿設
皇帝萬歲位蓋黃禹規模閎敞金碧陸離端重尊嚴
居然一州之鉅觀也有進說者曰聞之佛以清淨
寂滅為道世界藏於針鋒力量大於獅吼耳目口
鼻一着色相無有是處後世金粟莊嚴珍寶供養
皆其徒弟子斁世誣民利為已資耳今寺之壯麗
毋乃惑乎余曰不然佛者彼土相尊之名猶華言
稱人為聖耳其始不知中國聖人之道自立為教
淪於虛無其為性情則一也今其書具在觀其所

以動靜起居講論訓誨之儀節無大異於中國且
使佛果可以寒而不衣飢而不食則其露處而無
藉乎宮室也亦宜使寒不能無衣飢不能無食則
今士庶之家偶有賓朋至止猶必淨掃舍館整潔
供其薇其風雨而後即安豈有佛亦西土之尊顧
可使之樵牧為隣糞穢相接座生蓁莽階門麗麗
侍立左右顛倒歌斜作團蒲對泣之狀耶余非有
媚於佛而為之也是則然矣然吾聞渾
土瘠而天寒生物鮮少無珍奇靈異之產無巨商

渾源州志　卷九

富賈之資喪葬冠婚悉仰人力今一宇而費金數
千得毋傷民之財乎余曰是又不然渾自
本朝定鼎以來養瘡痍之殘喘起老羸於溝壑蠲減
賦稅勸懇蒿萊民生不見兵革之虞閭閻各安畊
鑿之業百數十年於茲矣凡人受一飯之恩者猶
思報稱況子子孫孫享
國家數世之福哉就雲曰則非其地歌頌功德則
無其文聊藉佛之一區焚香頂禮以申其願祝其
事簡而其意誠矣且旱澇疾疫州亦時有百姓易

學之興廢其大關乎彝倫其小繫乎文字古之時

恒麓書院記

桂敬順

而退因述以為之記

義必為又州人之素風不獨於區區一寺也客解
三日而設局大定州民頓以毋困是急公奮發見
州菽麥騰貴余勸捐平糶聞者踵至惟恐後時不
者所不信而阻愚者之必信哉已邠鄰境荒歉
使禱而或應彼且謂佛信有法也余又何必以知
惑難曉又將於此請禱焉使禱而不應彼固無損

附图2　桂敬顺《重修永安寺碑记》（图片来源：桂敬顺. 浑源州志，卷9. 1763. ）

渾源州志　卷九　藝文

霜神祠記　桂敬順

霜之為用也主於成物其功異於雨露而嚴於風
雪在天地於萬物其所以生成之者雨露霜雪各
施其化原未嘗有輕重厚薄於其間以地有寒燠
之殊天即不能無偏全之異而物品之華實高下
於是乎舛山右居天下之西北而渾源又居省會
之北鄙其土瘠其味鹵其氣勁而寒孟秋降霜孟
夏纔已平原野燒與春燕相開穀稻不生惟菽麥
生之即果蔬藥石之產性亦與神農書少別故農
國家不患物之不生而恒患物之不成也此非地

見於經緯書之說不可勝紀都不錄是為記

欲威柄而無害乎成功得不虔而事之哉若夫霜
秋官其功止於蕭殺而在邊塞必且新其伺氣候
州人立霜神像祠祀之蓋霜在於他所司金令佐
氣偏而天事用有不齊哉城東永安寺新修余命

附图3　桂敬顺《霜神祠记》（图片来源：桂敬顺. 浑源州志，卷9. 1763. ）

彩色图版

图1 传法正宗殿北壁十大明王全貌之一（Z1）（图片来源：浑源县文物局提供）

图3　传法正宗殿西壁、南壁西梢间六凡图像全貌（Z3）（图片来源：浑源县文物局提供）

图4 传法正宗殿北壁十大明王全貌（局部之一）（Z1）

图5 传法正宗殿北壁十大明王全貌（局部之二）（Z1）

图6 传法正宗殿北壁十大明王全貌（局部之三）（Z1）

图7　传法正宗殿北壁十大明王全貌（局部之四）（Z1）

图8 传法正宗殿北壁十大明王全貌（局部之五）（Z1）

图9　传法正宗殿北壁十大明王全貌（局部之六）（Z1）

图10 传法正宗殿北壁十大明王全貌（局部之七）（Z1）

图11　传法正宗殿北壁十大明王全貌（局部之八）（Z1）

图12 传法正宗殿东壁、南壁东梢间六凡图像全貌（局部之一）（Z2）

图13　传法正宗殿东壁、南壁东梢间六凡图像全貌（局部之二）（Z2）

图14　传法正宗殿东壁、南壁东梢间六凡图像全貌（局部之三）（Z2）

图15　传法正宗殿东壁、南壁东梢间六凡图像全貌（局部之四）（Z2）

图16　传法正宗殿东壁、南壁东梢间六凡图像全貌（局部之五）（Z2）

图17 传法正宗殿东壁、南壁东梢间六凡图像全貌（局部之六）（Z2）

图18　传法正宗殿西壁、南壁西梢间六凡图像全貌（局部之一）（Z3）

图19　传法正宗殿西壁、南壁西梢间六凡图像全貌（局部之二）（Z3）

图20　传法正宗殿西壁、南壁西梢间六凡图像全貌（局部之三）（Z3）

图21 传法正宗殿西壁、南壁西梢间六凡图像全貌（局部之四）（Z3）

图22　传法正宗殿西壁、南壁西梢间六凡图像全貌（局部之五）（Z3）

图23　传法正宗殿西壁、南壁西梢间六凡图像全貌（局部之六）（Z3）

图24 永安寺大力明王与宝宁寺乌首明王比较（M1）

（宝宁寺图片来源：山西博物院，编. 宝宁寺明代水陆画，下同）

图25　永安寺与宝宁寺甘露军吒利明王比较（M2）

图26　永安寺与宝宁寺不动尊明王比较（M3）

图27　永安寺降三世明王与宝宁寺焰鬘德迦明王比较（M4）

图28　永安寺与宝宁寺大轮明王比较（M5）

图29　永安寺与《图像》马首明王比较（M6）

（《图像》图片来源：水陆道场神鬼图像／中国古代版画丛刊二编：第2辑．下同）

图30 永安寺与《图像》步掷明王比较（M7）

图31　永安寺与《图像》无能胜明王比较（M8）

图32 永安寺与《图像》大笑明王比较（M9）

图33 永安寺与《图像》焰发德迦明王比较（M10）

图34 永安寺与《图像》天藏王菩萨比较（PL1）（导引菩萨名号主要参考《图像》，下同）

图35 永安寺与故城寺无色界四空天众比较（L1）（名号依《仪文·坛图式》"水陆牌像"，下同；故城寺图片来源：河北省文物研究所，编著．故城寺壁画．下同）

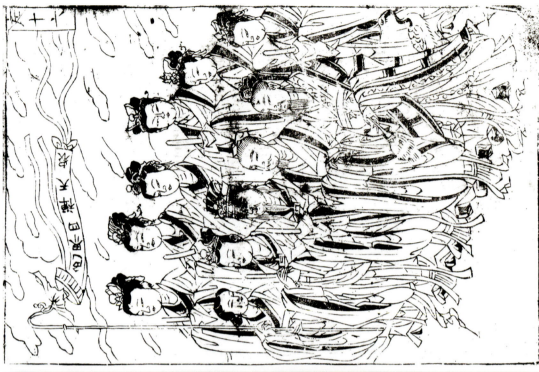

图36 永安寺与《图像》色界四禅天众比较（L2）

图37　永安寺与《图像》大梵天王比较（L3）

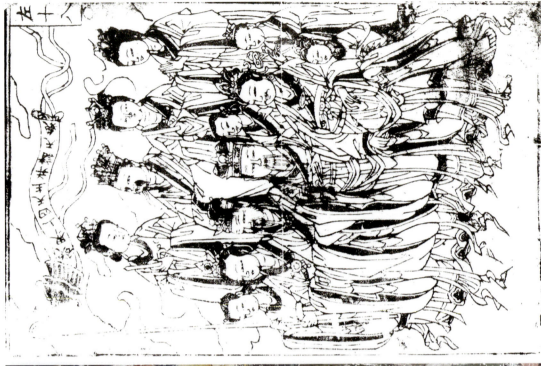

图38 永安寺与《图像》欲界上四天王并诸天众比较（L4）

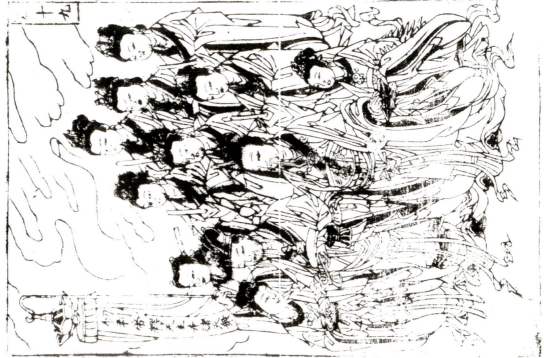

图39 永安寺与《图像》忉利帝释天主并诸天众比较（L5）

图40 永安寺与《图像》东方持国天王比较（L6）

图41 永安寺与《图像》南方增长天王比较（L7）

图 42　永安寺与《图像》西方广目天王比较（L8）

图43 永安寺与《图像》北方多闻天王比较（L9）

图44 永安寺与《图像》北极紫微大帝比较（L10）

图45　永安寺与《图像》太一诸神五方五帝比较（L11）

图46　永安寺与《图像》日光天子比较（L12）

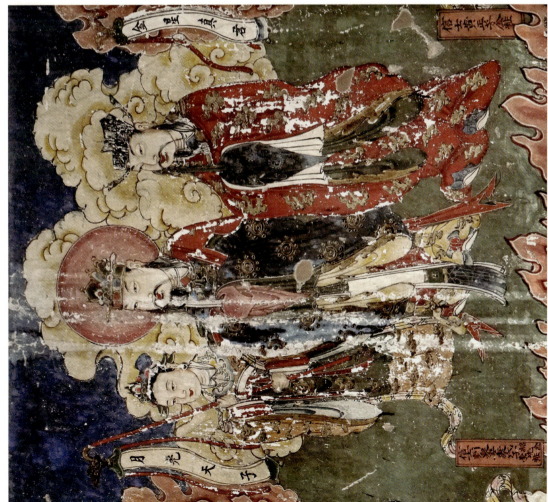

图 47　永安寺与《图像》月光天子比较（L13）

图48 永安寺与《图像》金星真君比较（L14）

图49　永安寺与《图像》木星真君比较（L15）

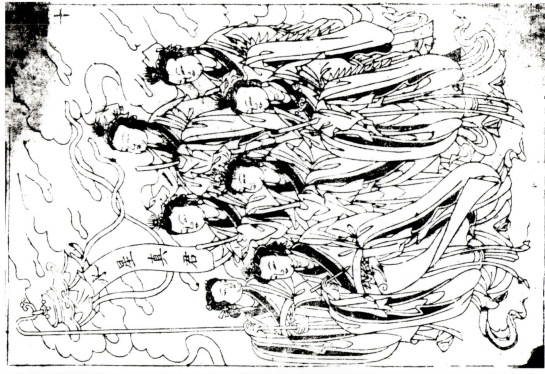

图50　永安寺与《图像》水星真君比较（L16）

图片来源：壁画由北京工业大学郑丽夏拍摄。

图51　永安寺与《图像》火星真君比较（L17）

图52　永安寺与《图像》土星星君比较（L18）

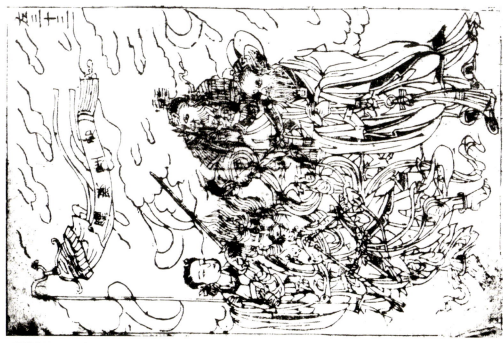

图53 永安寺与《图像》罗睺星君比较（L19）

图54 永安寺与《图像》计都星君比较（L20）

图55　永安寺与《图像》紫气星君比较（L21）

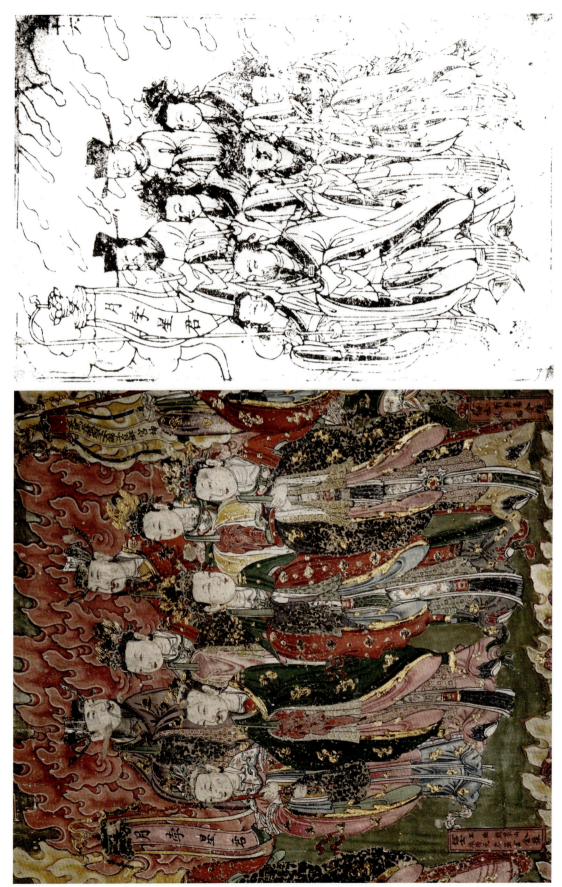

图56 永安寺与《图像》月孛星君比较（L22）

图57 永安寺与《图像》人马天蝎双秤女狮子巨蟹神宫（含神）比较（L23）

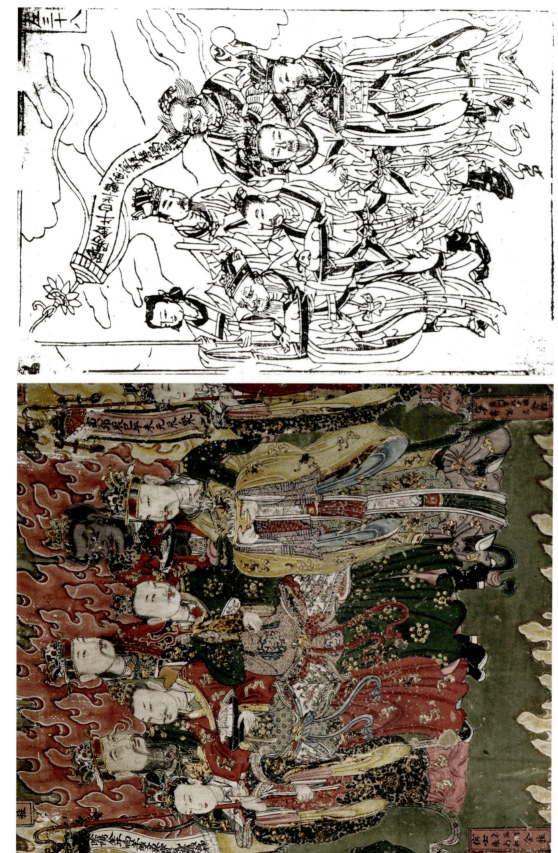

图58　永安寺与《图像》阴阳金牛白羊双鱼宝瓶磨羯宫神比较（L24）

图59　永安寺与《图像》寅卯辰巳午未元辰比较（L25）

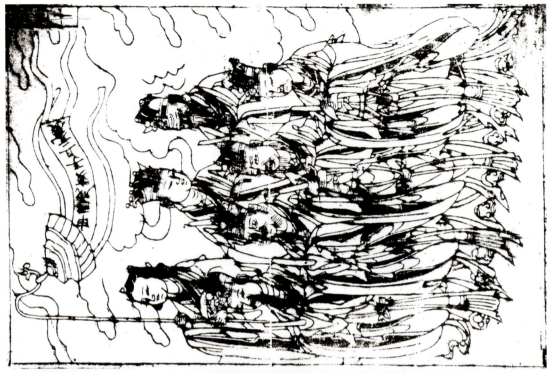

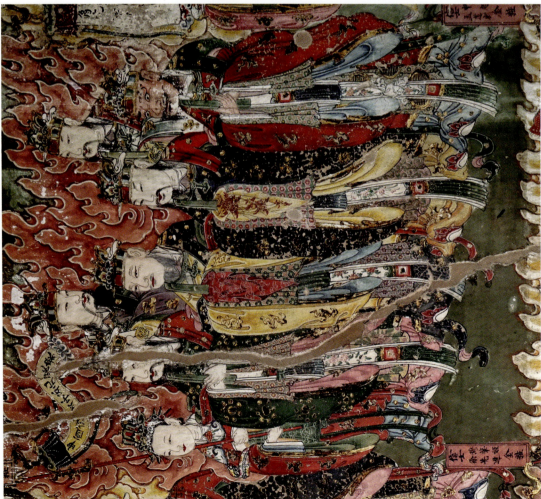

图60 永安寺与《图像》申酉戌亥子丑元辰比较（L26）

图61　永安寺与《图像》角元氐房心尾箕星星君比较（L27）

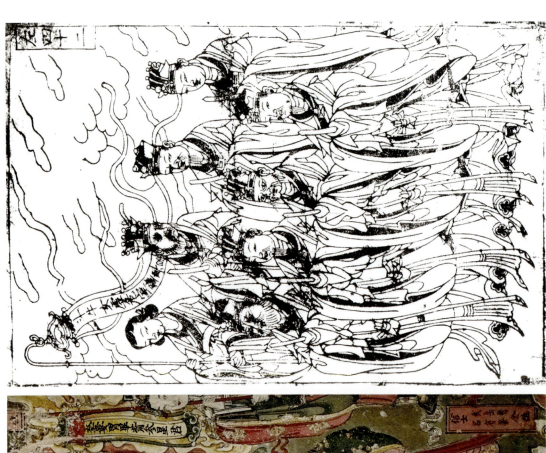

图62 永安寺与《图像》斗牛女虚危室壁星星君比较（L28）

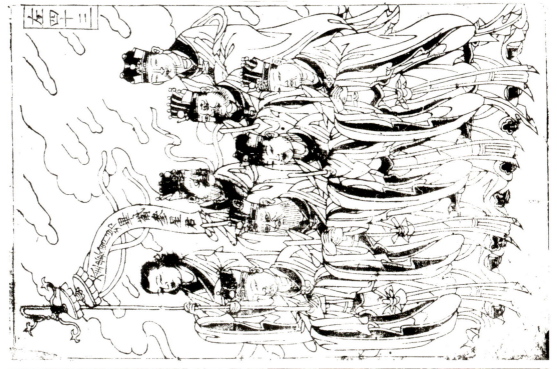

图63　永安寺与《图像》奎娄胃昴毕觜参星星君比较（L29）

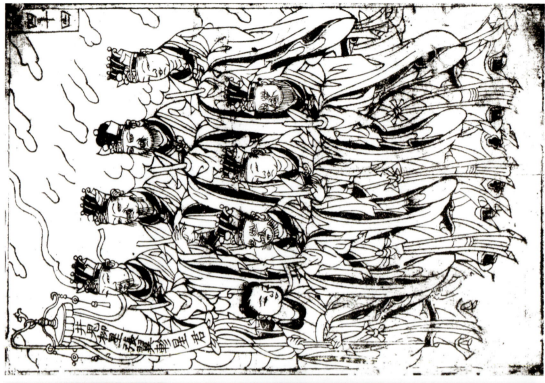

图64　永安寺与《图像》井鬼柳星张翼轸星君比较（L30）

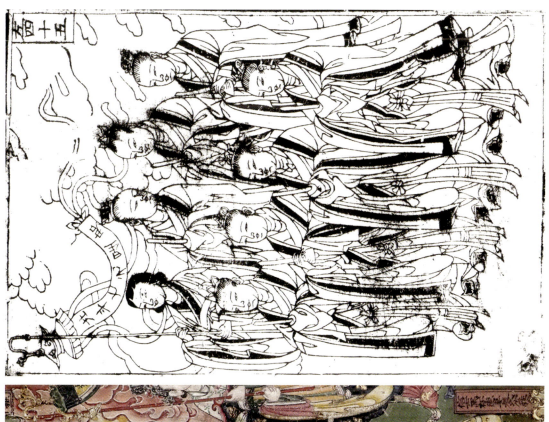

图65　永安寺与《图像》北斗七元星君比较（L31）

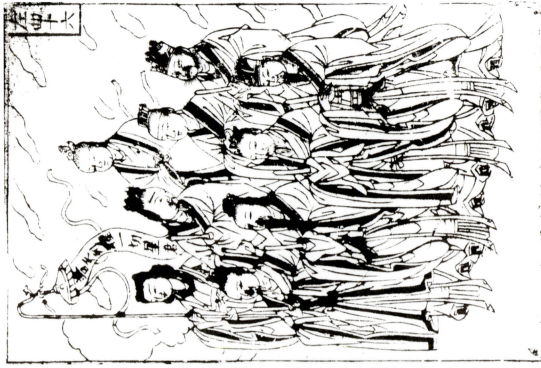

图66　永安寺与《图像》普天列曜一切星君比较（L32）

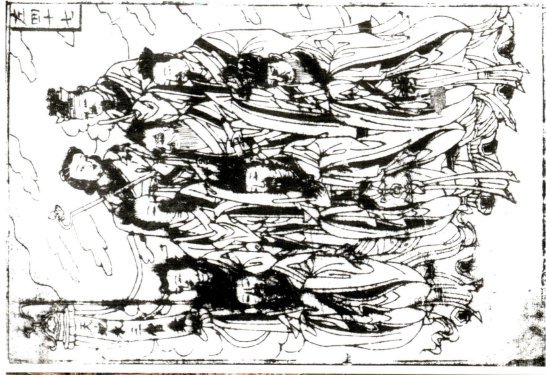

图67 永安寺与《图像》天地水三官众比较（L33）

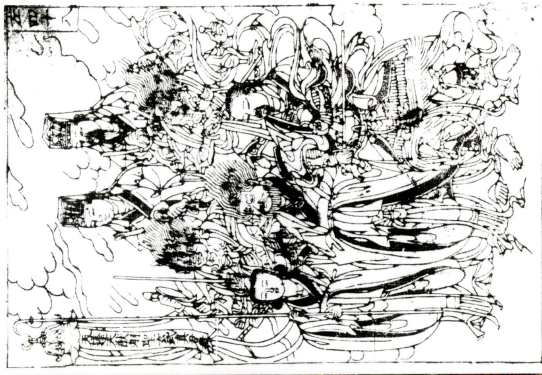

图68 永安寺与《图像》天蓬天猷翊圣玄武真君比较（L34）

图69 永安寺与《图像》天曹府君比较（L35）

图70 永安寺与《图像》天曹掌禄算判官官比较（L36）

图71　永安寺天曹诸司判官与故城寺天曹诸司食判官比较（L37）

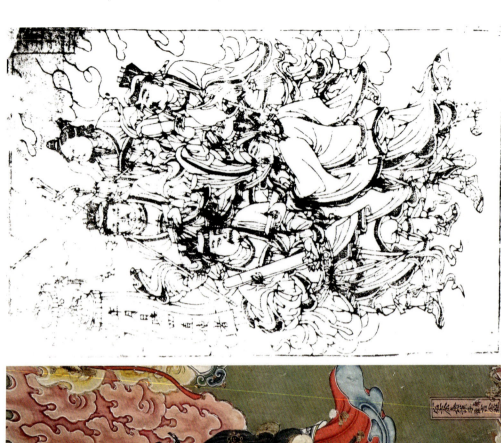

图72　永安寺与《图像》年月日时四直使者比较（L38）

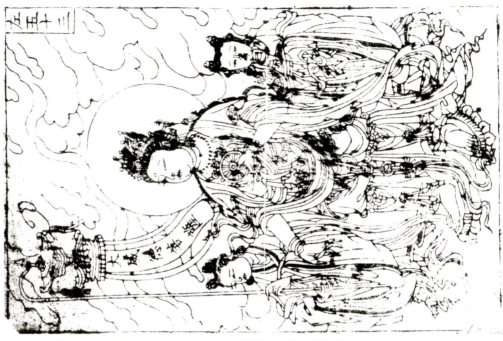

图73 永安寺与《图像》大威德菩萨比较（PL2）

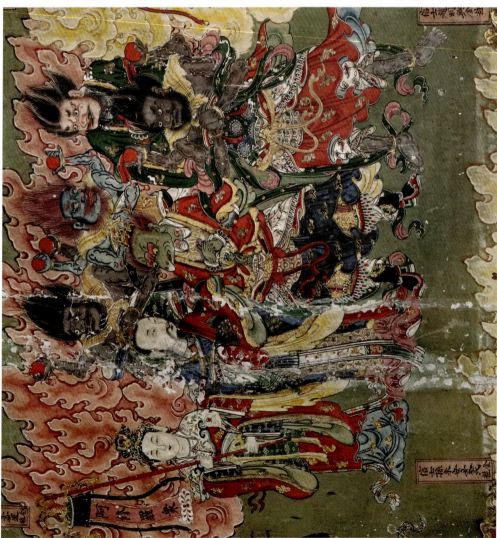

图74 永安寺与《图像》阿修罗众比较（L39）

图75 永安寺与《图像》大罗刹众比较（L40）

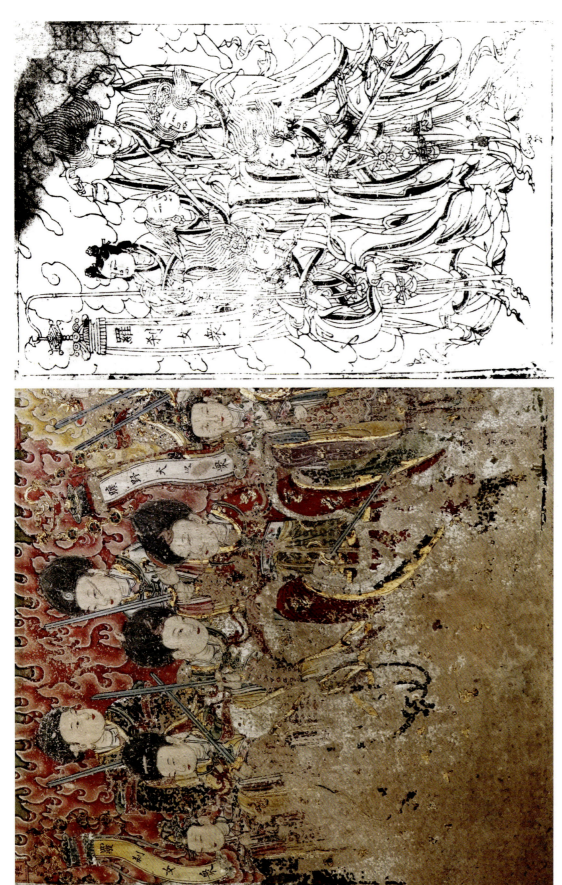

图76 永安寺与《图像》罗刹女众比较（L41）

图77 永安寺与《图像》旷野大将众比较（L42）

图78 永安寺与《图像》般支迦大将众比较（L43）

图79　永安寺与《图像》矩哱挈众比较（L44）

图80 永安寺与《图像》诃利帝母众比较（L45）

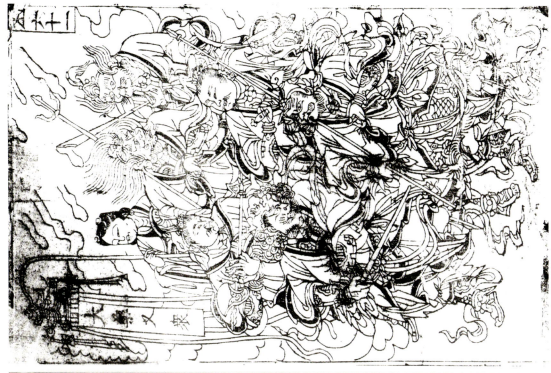

图81 永安寺与《图像》大药叉众比较（L46）

图82 永安寺与《图像》大圣引路王菩萨比较（PL3）

图83　永安寺与《图像》往古帝王一切王子众比较（L47）

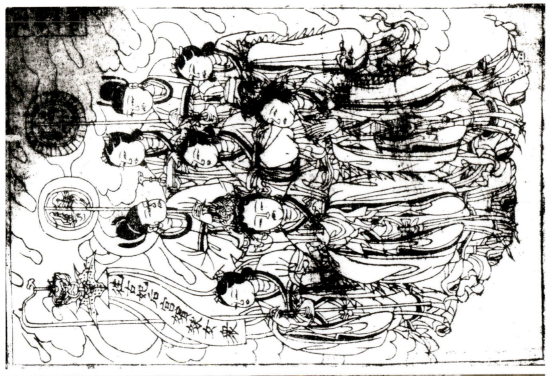

图84 永安寺与《图像》往古妃后宫嫔媵女众比较（L48）

图85 永安寺与《图像》往古文武官像众比较（L49）

图86 永安寺与《图像》《往古为国亡躯一切将士众比较（L50）

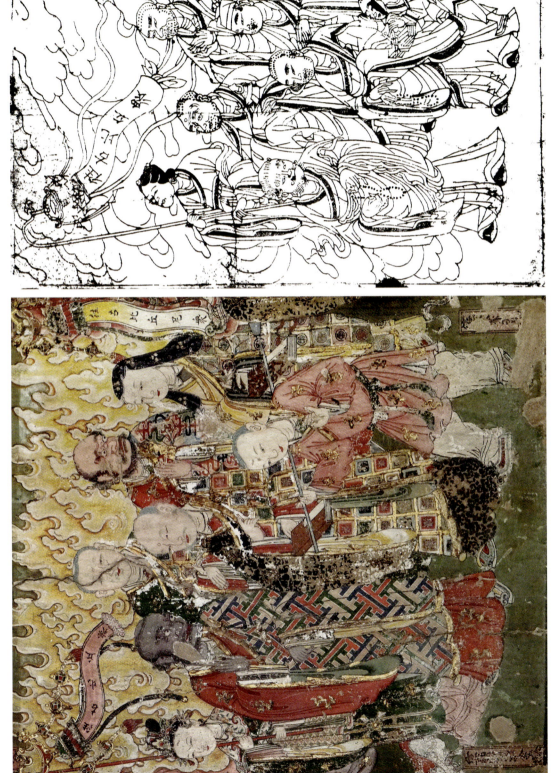

图87 永安寺与《图像》往古比丘众比较（L51）

图88 永安寺与《图像》往古比丘尼众比较（L52）

图89　永安寺与故城寺往古优婆塞童众比较（L53）

图90 永安寺与《图像》往古优婆夷众比较（L54）

图91　永安寺与《图像》往古道士众比较（L55）

图92　永安寺与《图像》往古女冠众比较（L56）

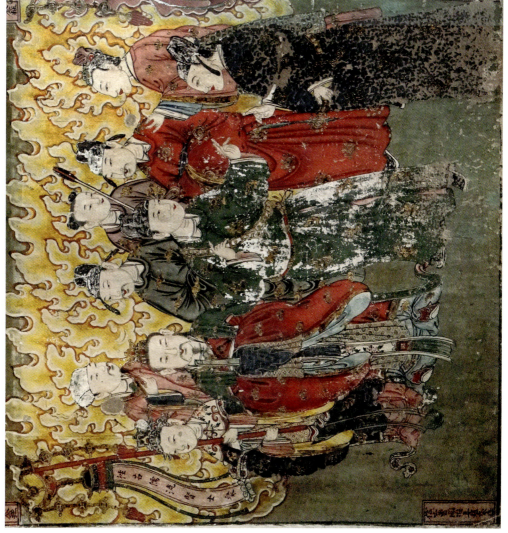

图93　永安寺与《图像》《往古儒流贤士众比较（L57）

图94 永安寺与《图像》往古孝子顺孙众比较（L58）

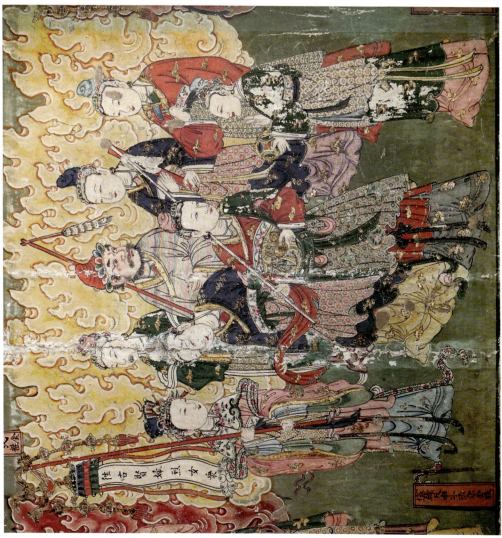

图95　永安寺与《图像》往古贤妇烈女众比较（L59）

图96 永安寺与《图像》往古九流百家众比较（L60）

图97　永安寺与宝宁寺持地菩萨比较（PR1）

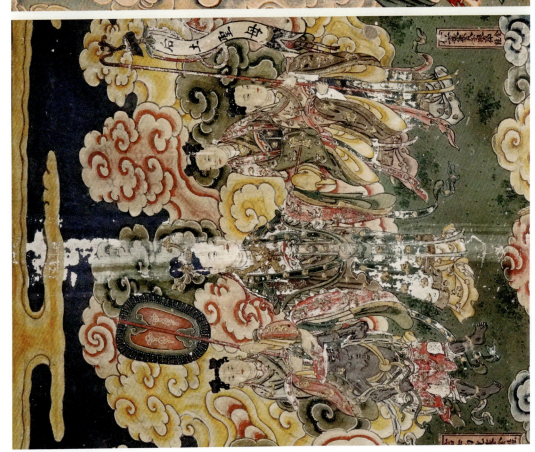

图98　永安寺后土圣母与故城寺先天后后土圣母比较（R1）

图99　永安寺与《图像》东岳天齐仁圣帝比较（R2）

图100　永安寺与《图像》南岳司天昭圣帝比较（R3）

图101　永安寺与《图像》西岳金天顺圣帝比较（R4）

图102　永安寺与《图像》北岳安天元圣帝比较（R5）

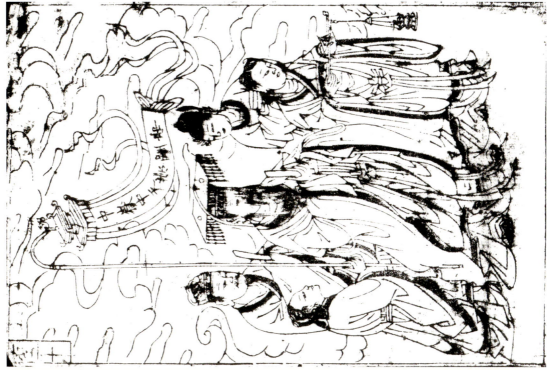

图103 永安寺与《图像》中岳中天崇圣帝比较（R6）

图104 永安寺与《图像》东海龙王比较（R7）

图片来源：壁画由北京工业大学郑丽丽拍摄。

图105　永安寺与《图像》南海龙王比较（R8）

图106 永安寺与《图像》西海龙王比较（R9）

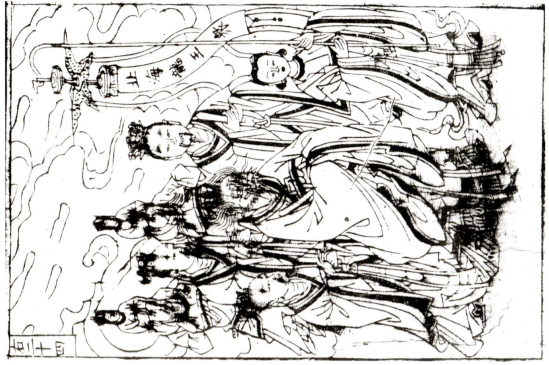

图107　永安寺与《图像》北海龙王比较（R10）

图108 永安寺与《图像》江河淮济四渎诸龙神众比较（R11）

图109 永安寺与《图像》五湖百川诸龙神众比较（R12）

图110 永安寺与《图像》陂池井泉诸龙神众比较（R13）

图111　永安寺与《图像》虚空藏菩萨比较（PR2）

图112 永安寺与《图像》主风主雨主雷主电诸龙神众比较（R14）

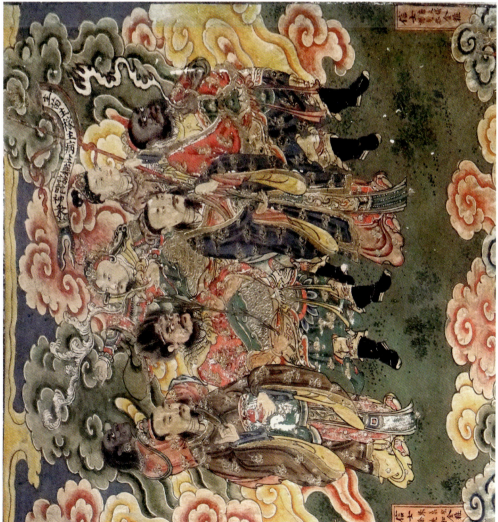

图113　永安寺与《图像》主苗主稼主病主药诸主龙神众比较（R15）

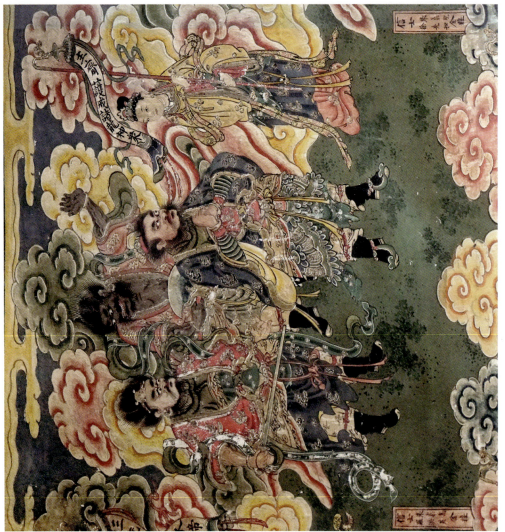

图114　永安寺与《图像》守斋护戒诸龙神众比较（R16）

图115　永安寺与《图像》三元水府大帝比较（R17）

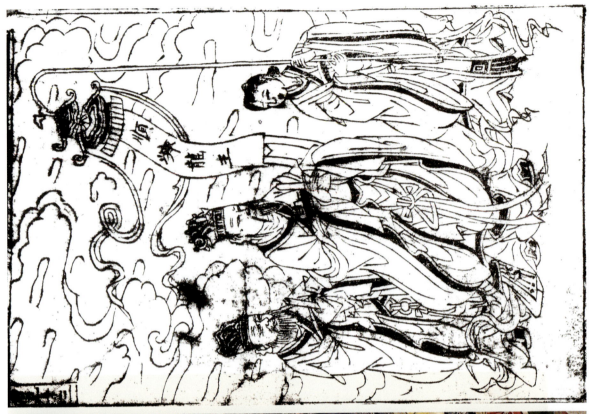

图116 永安寺与《图像》顺济龙王比较（R18）

图117　永安寺与《图像》安济夫人比较（R19）

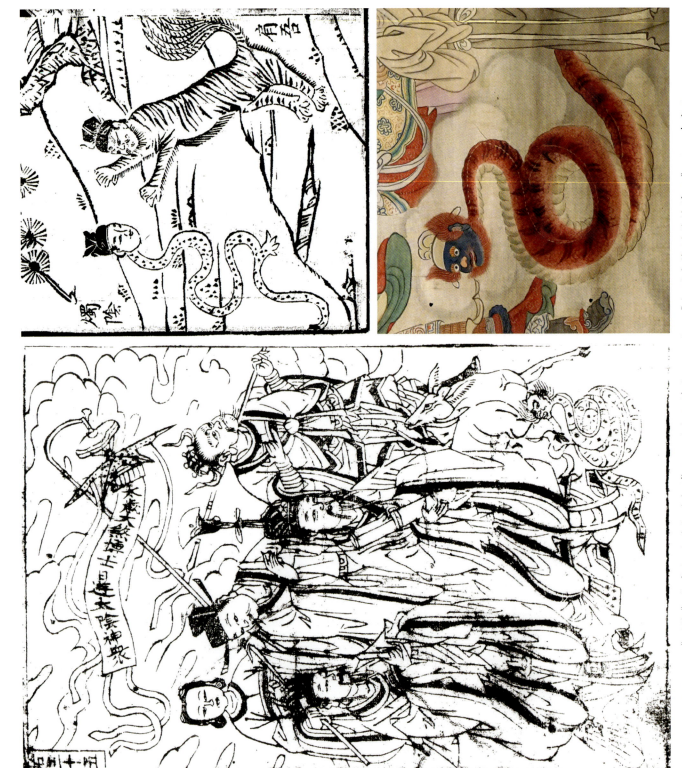

图118　《图像》太岁大煞（大杀）博士日游太阴神众；〔明〕《新刻出像增补搜神记》及〔清康熙八年/1669〕山西博物院藏（大岳区旧藏）"丧门吊客""烛龙/青龙形象比较（R20）

图119　永安寺与《图像》大将军黄幡白虎蚕官五鬼众比较（R21）

图120 永安寺与《图像》金神飞廉豹尾上朔日畜众比较（R22）

图121 永安寺与《图像》阴音奏书归总救九救伏兵力力士众比较（R23）

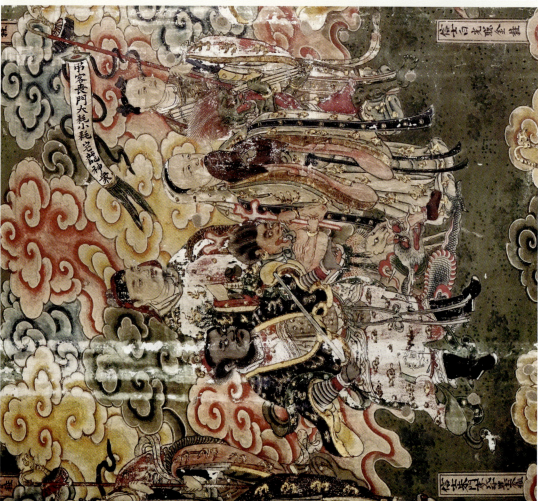

图122　永安寺与《图像》吊客丧门大耗小耗宅龙神众比较（R24）

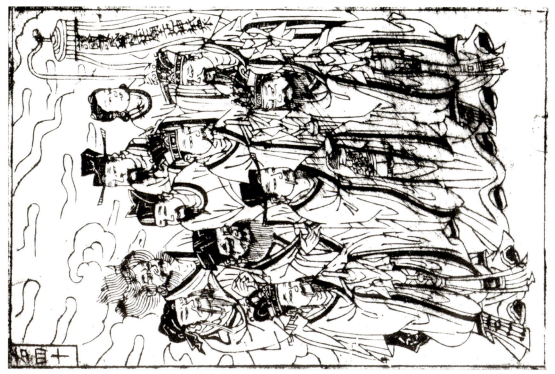

图123　永安寺与《图像》护国护民城隍社庙土地神祇众比较（R25）

图124 永安寺与《图像》地藏王菩萨比较（PR3）

图125 永安寺与《图像》泰广大王比较（R26）

图126 永安寺与《图像》初江大王比较（R27）

图127　永安寺宗帝大王与故城寺秦广五王圣众比较（R28）

图128 永安寺与《图像》五官大王比较（R29）

图129　永安寺与《图像》阎罗大王比较（R30）

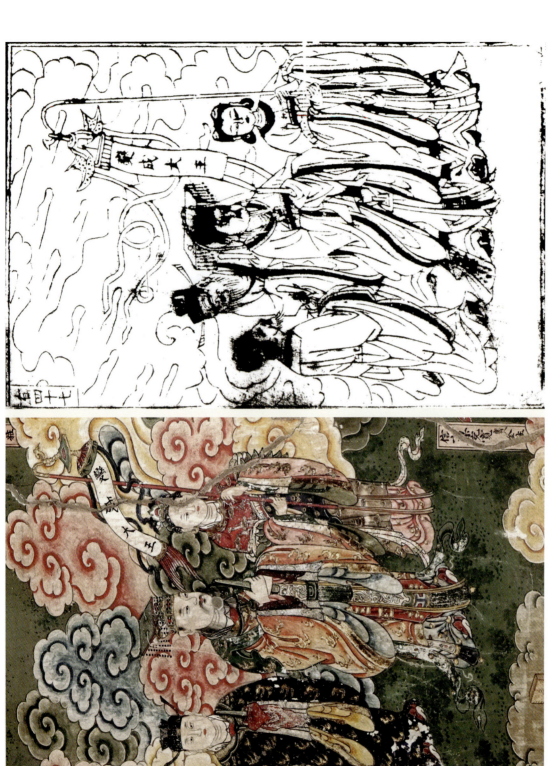

图130 永安寺与《图像》变成大王比较（R31）

图131 永安寺与《图像》泰山大王比较（R32）

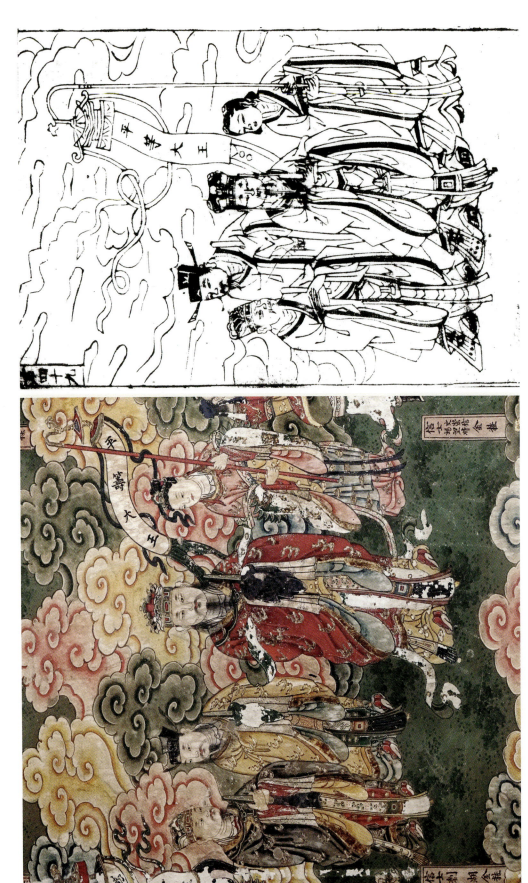

图132 永安寺与《图像》平等大王比较（R33）

图133 永安寺都市都市大王与故城寺阎罗王圣众比较（R34）

图134　永安寺与《图像》转轮大王比较（R35）

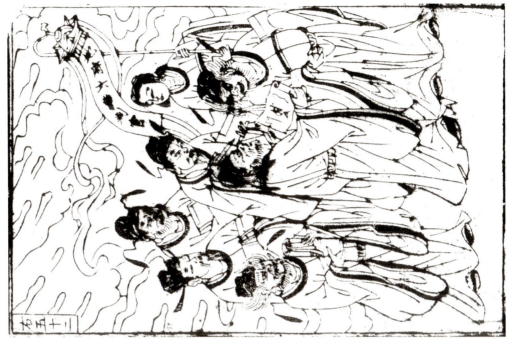

图135 永安寺与《图像》地府六曹判官比较（R36）

图136 永安寺与《图像》地府三司判官比较（R37）

图137　永安寺与《图像》地府都市判官比较（R38）

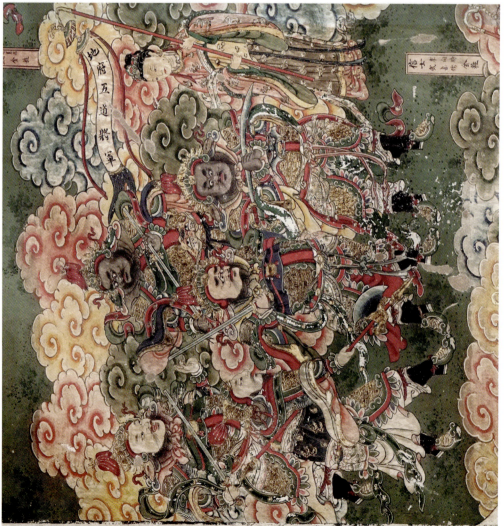

图138 永安寺与《图像》地府五道将军比较（R39）

图139 永安寺与《图像》善恶二部牛头阿傍诸官曹官曹众比较（R40）

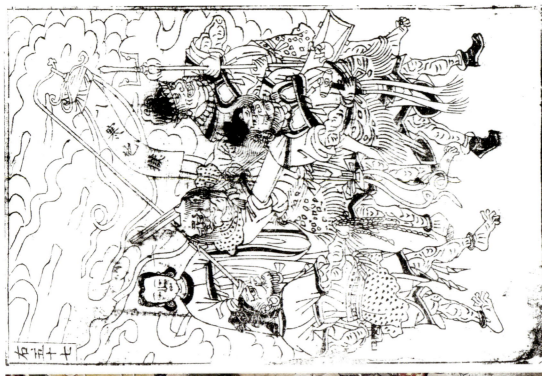

图140　永安寺与《图像》八寒地狱比较（R41）

图141　永安寺与《图像》入热热地狱比较（R42）

图142 永安寺与《图像》近边地狱比较（R43）

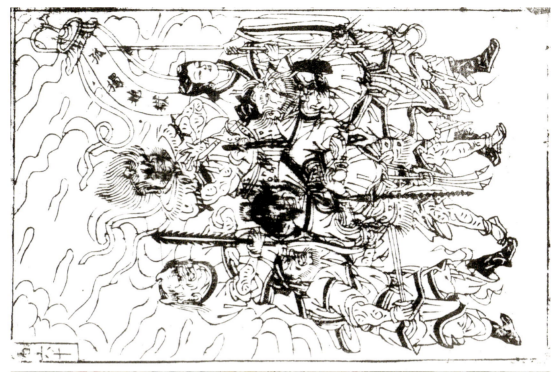

图143 永安寺与《图像》孤独地狱比较（R44）

图144　永安寺与《图像》起（启）教大士面然鬼王比较（R45）

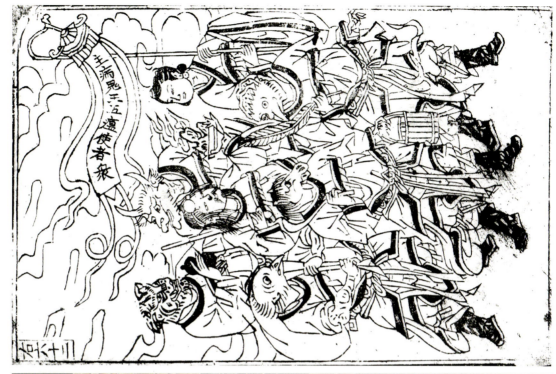

图145　永安寺与《图像》主病鬼王五瘟使者比较（R46）

图146　永安寺与《图像》大腹臭毛针咽巨口饮唊不净饥火焚然焦众比较（R47）

图147 永安寺与《图像》水陆空居居依草附木幽魂滞魄无主无依众比较（R48）